本套丛书获南京航空航天大学中央高校基本科研业务费专项基金资助，基金号为NO.NR2014064。

东华湖马克思主义文本研究系列丛书

丛书主编　朱进东

技术创新与资本市场

——马克思相对剩余价值理论再研究

朱　斌　著

南京大学出版社

图书在版编目(CIP)数据

技术创新与资本市场：马克思相对剩余价值理论再研究 / 朱斌著. — 南京：南京大学出版社，2019.4
(东华湖马克思主义文本研究系列丛书 / 朱进东主编)
ISBN 978 - 7 - 305 - 21789 - 0

Ⅰ. ①技… Ⅱ. ①朱… Ⅲ. ①马克思主义－相对剩余价值－理论研究 Ⅳ. ①A811.66

中国版本图书馆 CIP 数据核字(2019)第 047407 号

出版发行　南京大学出版社
社　　　址　南京市汉口路 22 号　　　　邮　编　210093
出 版 人　金鑫荣

丛 书 名　东华湖马克思主义文本研究系列丛书
书　　　名　**技术创新与资本市场：马克思相对剩余价值理论再研究**
著　　　者　朱　斌
责任编辑　张婧妤　　　　　　　　编辑热线　025 - 83592409

照　　　排　南京南琳图文制作有限公司
印　　　刷　江苏凤凰数码印务有限公司
开　　　本　652×960 1/16　印张 13.25　字数 160 千
版　　　次　2019 年 4 月第 1 版　2019 年 4 月第 1 次印刷
ISBN 978 - 7 - 305 - 21789 - 0
定　　　价　78.00 元

网址：http://www.njupco.com
官方微博：http://weibo.com/njupco
官方微信号：njupress
销售咨询热线：(025)83594756

目 录

中国化马克思主义语境下的沉思
（代总序）

朱进东[*]

在《德意志意识形态》中，马克思、恩格斯明确地指出，共产主义是追求实际目的的最实际的运动，建立共产主义实质上有着经济上的性质。当前不能仅仅去数世界上还存在多少社会主义国家，而更重要的是要正视实际发生着的国际无产阶级运动。自马克思等人创立第一国际以来，马克思主义（从古典马克思主义到正统马克思主义、中国化马克思主义、西方马克思主义）始终是和国际无产阶级或工人阶级的现实命运联系在一起的，从第一国际到第五国际的国际共产主义运动

　　* 朱进东，哲学博士，南京航空航天大学哲学教授，博士生导师。入选江苏省"333"工程。美国埃默里大学哲学系访问学者。国家级精品课程"马克思主义基本原理"核心主讲人。著有《马克思和蒲鲁东》、《黑格尔哲学译述集》、《〈大纲〉研究》、《政治传播学》、《自选集之我学故我在》。译著有《黑格尔》、《20 世纪思想史》、《黑格尔传》、《理性的主张》、《政治创新与概念变革》、《人际传播新论》、《杜威全集卷一》、《欲望与利益》、《先锋派散论》。

史就证明了这一点。自 2006 年第五国际(无产阶级联盟)或第五国际联盟的面世,针对帝国主义在全球统治造成的种种灾难,主张反对帝国主义,发动社会主义革命,对全球资本主义做毫不妥协的斗争;主张以阶级斗争和暴力革命的手段来推翻帝国主义的统治,建立真正的自由民主的国家;主张保护生态环境。不管第五国际联盟是不是举着马克思主义这面旗帜,其内容实质上都是与马克思主义一脉相承的。而当今作为世界第二大经济体的中国,握有马克思主义学说和国际共产主义运动的最大话语权。

历史上几个时间节点带给人们启迪。1905 年孙中山创立同盟会,同年,爱因斯坦提出狭义相对论。1910 年爱因斯坦提出广义相对论,1911 年中国发生辛亥革命。1640 年发生英国资产阶级革命,1616 年清王朝建立。16 世纪欧洲盛行文艺复兴运动,1919 年中国才爆发五四新文化运动。人类无法使历史言说,而历史自身却在言说。人类究竟应该在历史深处看到什么呢? 有些东西确实是用血与火写进人类编年史的,纵使历史中夹杂着谎言,但谎言终究无法完全代表历史。对于某些现象,首先要认同它们是历史的,而后才可对它们加以解析。德意志大哲人黑格尔曾经说过,人类应该从历史中吸取的最大的教训,就是人类从来也没有从历史中吸取教训。上面对比历史上的具体时间,意在表明我们的国家虽然在不断向前发展,但不管具有何种特殊的国情,皆不是发展得慢或贻误发展战略机遇的理由。我们眼下应该参与和利用好世界范围内的科学技术革命。无论是善意的批评者,还是打着人权幌子干预中国内政的帝国主义,他们谅必不可能看不到,从 1921 到 2013 年这近百年间里,中国共产党人领导中国人民用了不到 30 年时间完成了中国新民主主义革命,建立了中华人民共和国,接着用了 64 年(到 2013 年)时间建设新中国,改革开放是自 1978 年以来的事情,中国人只用了 30 多年就走完了别人两三百年才走完的路。稳步前进不等于保守徘徊,国家事业越向高端发展,越要尽量避免犯急性病,越要准备克服前进道路上的艰难险阻,虽知"高处不胜寒",却也要勇于登攀。

当今的中华民族是理性的、成熟的民族,饱经苦难的磨砺,志向更加坚定。民族品格决定了我们善于知己知彼。在古代以科技发明著称的我们正面临世界范围内新的科技革命。每个民族都有它自己的东西,这自己的东西就是民族的根本之物。每个民族都应该做出自己的选择,这一定是自觉自愿的选择,因为唯此才有可能使它在世界上争得一席之地。中华民族是个理性、成熟的而非强权、霸道的民族。理所当然地,我们拒绝别人强加的意识形态或价值观念,但是我们同样善于借鉴和吸收别民族的成功经验,当代中国人已告别夜郎自大、闭关锁国的天朝迷梦。我们已经是独立于世界民族之林,具有我们自己的主心骨,能够做到临危不惧、处乱不惊、"兵来将挡,水来土掩"。我们的民族精神告诉我们,作为正在和平崛起的中华民族,我们心里非常清楚自己对人类世界的责任和担当。

"沧海横流,方显出英雄本色。"中国共产党领导,走中国特色的社会主义道路,实现振兴中华文明的中国梦,此三者构成我国各族人民团结一致、共同奋斗的思想基础。这就决定了当代中国马克思主义政治哲学大智慧的出场成为必然。摒弃冷战思维的老套路势在必行,所以力主不冲突、不对抗,相互尊重合作共赢,这标志着当代中国政治家准确地把握时代的走势;彻底摒弃零和思维,坦诚表露中国对世界应有的担当,相信世界必会对中国做出应有的尊重。新丝绸之路的开辟,进行第二次改革,破除特定群体利益固化,进一步实现社会公平正义,所有这些都需要用当代马克思主义中国化的政治哲学大智慧来引领。

中国奇迹背后的沉思。

新中国成立以来,我国各个方面(如政治经济、教育科技、军事外交)出现了前所未有的进步。我们有过成功的喜悦,也接受失败的教训,但我们始终在挺胸阔步、勇往直前。改革开放使我国进入了快速发展时期,正能量的释放引起世人极大的关注。在这期间,我们经历了拨乱反正、正本清源思想领域的矫正,经历了对西方文化抉择的认同,经历了对社会主义市场经济理论和实践上的艰辛探索,逐渐形成了具有中国特色的社会主义理论这一中国化马克思主义;在中国特色社会主义理论指引下,我国经济社会的建设在充满机遇和挑战的过程中稳步发展,现在我国已经成为世界第二大经济体。所有这些都堪称中国奇迹,而这奇迹背后的东西非常值得我们去细心思考。

从历史上看,中国不乏鼎盛时期,如汉唐两代(甚至唐代思想文化对异域的影响至今还脉脉可感)。然而,每当关乎民族国家命运的关键时刻,当代中国人所表现出的万众一心、众志成城是古人所无法比拟的。不管是我们的思想一次次解放,辩证地接纳西方科学技术,理性地认同社会主义市场经济,客观、公允地对待作为"社会主动轮"的资本,还是圆满地完成抗洪抢险,群策群力抗击"非典",成功地主办奥运,取得抗震救灾的胜利,周密地处理复杂多变的外交事宜,我们的国家都表现出大国应有的风范,这些都证明我们的民族是理性的、成熟的民族。从广义上说,所有这些都可称作中国奇迹。这其中当然包括30多年来中国经济飞速发展这一世界经济史上的奇迹。每逢关键时刻,"解放军"、"共产党员"这两个词变成了晶莹剔透的符号,绝对堪称生命精神的澄明。恐怕单用中国传统文明的复兴解释不了这样的奇迹。从民族性格角度看,中华民族自古就具有"和"的理念。如果这能够解释中国奇迹,鲁迅先生就不会蒸出"人血馒头"。诚然,在民族性格方面,何止中国人有着丑陋的一面。大和民族、美利坚民族性格中难道都是阳光的东西?更不能从人的本能和贫富这两个方面来解释这样的奇迹,因为"性本善"还是"性本恶"的问题从古至今争论不休,斯世"拔一毛为天下而不为者"大有人在。

那么,出现中国奇迹这种现象到底应该做出何种解释呢?或者说中国奇迹背后的支撑物是什么呢？改革开放以来，我们在建设中国特色社会主义过程中闯过激流险滩，每逢大是大非的关键时刻都能做到人心稳定、万众一心、临危不惧、处乱不惊、化险为夷。我们以为，这与我国长期宣传马克思主义，用马克思主义来引领主流意识形态，使国民心灵深处形成稳定的思想根基结构有关。在我国，之所以能够产生中国化的马克思主义，与把高校作为马克思主义理论主要宣传阵地是分不开的。毋庸置疑，我党的领袖人物在马克思主义中国化过程中起着举足轻重的作用，而也应该看到，马克思主义的主要受众首先是广大青年学生（从中学生到研究生这个群体）。与此同时，有一批马克思主义理论家和宣传家，半个多世纪以来，在使马克思主义中国化，使马克思主义在国民中普及，使马克思主义在中国文化中占有核心地位方面，做出了巨大的贡献，完全应该编撰一部马克思主义基本原理在我国高校的教学史。可以毫不夸张地说，中国化马克思主义构成了中国人民在改革开放现代化征程中凝心聚力的精神支柱，从而使国民在心理层面达成识大体、顾大局、乐于奉献、自我牺牲、他人胜过自我的精神上的高尚的共识。

如果单就中国经济 30 多年奇迹般发展的原因来说，除去可以归结为中国共产党的领导，全国人民齐心合力坚持走中国特色社会主义道路之外，还与马克思的巨著《资本论》在中国学界得到深透的研究有关。当今的现实状况是，中国已经成为世界第二大经济体，金砖国家的引领者，振兴世界经济的巨大引擎。应该说，这是我国人民以大智慧克服了经济发展过程中的众多问题，甚至极其棘手的难题，才把有特色的中国社会主义事业推向前进的，而要解决这些问题，就必须提出一套行之有效的契合中国现实的经济学理论，而且相应的政治理论或哲学、伦理学、文学、法律领域都要与之齐头并进。30 多年的改革开放实践证明了我国的理论家们确实做到了这些。那么，中国为何从改革开放起，就能够拿出一系列高妙的经济学理论呢？它们不是从天上掉下来的,更不是拍脑袋拍出来的,或理论家们一时心血来潮的产物,而可以说是具有中国特色的社会主义经济理论,是有着坚实的理论基础和较高的理论起点的,那就是早在改革开放之前,我国学界就对马克思的《资本论》有着全方位的深度研究,特别是对《资本论》第一卷几乎做到了逐字逐句的解析。经济学家们游历了马克思经济学研究的心路历程,他们在经济学上的起点非常高,具有更加开阔的理论视野,拥有了犀利的经济学解剖分析刀,因此,他们可以对中国经济运行中出现的问题给予快刀斩乱麻式的解决。完全可以这样断言,大凡当代中国有见地的经济学家,几乎都是从《资本论》出发的,无论他们是赞同《资本论》还是批评《资本论》。所以,中国经济30多年奇迹般的发展,不管其中有多少原因,对马克思《资本论》深度的解读和研究肯定构成其中的一个重要原因。

在坚持走中国特色社会主义道路的过程中,说我们的民族表现出的是一个理性、成熟的民族,意味着这个民族不会动辄头脑发热,而能够做到方圆互化,得失进退平衡,分寸拿捏得当,未雨绸缪,居安思危。我们党始终对中国社会未来的发展保持清醒的认识。我们深知,虽然我国已成为世界第二大经济体,我国经济发展已成为推动世界经济发展的重要引擎,我国已在金砖国家中扮演着主导者的角色,但是,我们的确应该看到打造我国经济转型升级也势在必行,由于我国经济运行中不确定因素的增加而使遇到风险的概率增大。作为负责任的大国,我国在处理国际事务方面显得有理、有利、有节、大气坦荡,而非小肚鸡肠。我们完全能够利用当代中国的政治大智慧极大地减少腐败;腐败现象着实令人触目惊心,而整治腐败却也使我们的人民对我们党和中国特色社会主义道路更加充满信心。必须说的是,要想把一百年前还没有民主和科学概念的国度建成世界强国,这就要求我党在领导我国人民完成这项前无古人的伟业过程中绝不能犯急性病;我们还需要更多的时间去完成更为艰巨的任务,所以我们需要两个一百年,但这绝不能构成被他人用做对我国说三道四甚至威胁我国的借口。

我们的民族心理上具有更强的承受力,正在和将要继续勇敢地接受内生环境和外生环境的不断挑战。改革开放为何在中国取得成功,为何在同时期的伊斯兰世界没有产生这样的改革开放,其中的重要原因在于当时的中国具备了相当的物质基础和思想基础。试想,在到处布满荆棘般封建藩篱甚至原始图腾般东西的国度,是绝不可能具有改革开放的清洁的思想根基的,而没有这样的根基,则西方的文明不容易被接纳,纵使接纳了也活不了多久,因为至少资本主义的文明与封建文明是格格不入的。诚然,以开放包容的心态认同西方文明,不能连糟粕也一起接受了,拿来主义不是包罗万象,什么都要,就像振兴中华文明不能连糟粕也一起振兴一样。那么,怎么到了我国开始改革开放时期,我们就拥有现代意识的思想基础了呢?我们封建文明古国给今人留下许许多多旧的东西,那新思想、新风俗、新文化、新习惯是如何建立的呢?国人不能不去思考这个问题,更不能掩耳盗铃式地回避这个问题。历史是由一个个时段组成的,不能要这个时段而舍掉另一个时段。共和国不同时期的领袖用以使人民获得自由、民主、平等的手段不同,而无论是采用何种方式(如阶级斗争或改革开放和法律手段),其所想要达到的目的整体上是相同的。

对待马克思主义这一学说的态度的沉思。

马克思主义不是离开人类文明大道以外的东西,像查尔斯·泰勒将黑格尔哲学看作一种文明那样,我们认为马克思主义当属人类文明之列。马克思主义是汇入人类文明的东西,因此,它难以用使用时间去量度。这就证伪了所谓"过时论"。凡是文明皆具有通约性、共享性和合类性。不能说《易经》过时了,《奥义书》过时了,《资本论》过时了。在讲究物质文明、精神文明的同时,我们还崇尚政治文明、生态文明。人类文明(包括马克思主义)在阐释中不断绵延发展。政治不是文明的附庸,它本身就属于文明的元素。无论是将马克思主义当作一种意识形态看待,还是当作纯粹政治的东西看待,都是对马克思主义学说做出的有悖于历史和现实的误读。马克思主义引领意识形态,但它本身不是意识形态,因此不能把马克思主义弄成意识形态之类的东西。这里不是担心意识形态具有虚假性,意识形态的虚假性是在"表面的"意义上说的,它背后的东西即为经济的决定作用;强调经济因素的决定作用,绝不可由此得出马克思主义是经济决定论,否则,传统习俗这类规范性的东西真的就丧失它们自己应有的地位。从这个角度上讲,意识形态是类似柏拉图意义上的"影子"。毋庸置疑,这里的虚假已不是日常生活中的真假的假。早在20世纪60年代,法国存在主义的马克思主义者萨特就承认马克思主义是我们这个时代所无法超越的,后来法国后马克思主义者德里达在《马克思的幽灵》中主张用马克思的思想去解决当代资本主义全球化过程中的某些问题。一种文明扎根于世界且生机盎然的重要的标志在于能够接受来自他方的挑战,马克思主义从它诞生那天起,就在应对种种挑战中显示出自身的勃勃生机。

中国近代史表明,我国选择马克思主义,中国共产党成了执政党,马克思主义、列宁主义、毛泽东思想、中国特色社会主义理论成为我国人民的指导思想,这首先是历史的时代的事实,而不是首先需从理论上阐释其必然性;只要大家面对历史事实,就能够认同这样的选择。理论来源于社会实践,而绝不意味着社会现实都要从理论上予以阐明。中国近代史告诉人们,辛亥革命前后的中国历史舞台上先后出现了100多个党派,最终国民选择了中国共产党。五四运动前后中国出现过不少主义,历史最终选择了马克思主义。这些都是不争的历史事实,不是玄而又玄的理论问题,更不能人为地将其上升为高深莫测的理论问题。若想要去说清这类选择具有合理性和客观必然性,首要的是,不能上来就高谈阔论而必须直面历史事实。如果人为地将事实提升为理论,那么就将简单的问题复杂化了。这样就会越说越糊涂,以致使人如坠烟海,茫茫然不知所云。我们学理上曾犯过这样低级的错误。

作为一种文明,马克思主义是超越时间维度的。纵使某种文明不在场,那也无法借此否定它曾经的存在。江河文明、海洋文明均属于人类文明之列。时间不会对文明作为人类精神化的东西起到束缚的作用。文明呈现在特定的历史时段中,又构成历史的在场的东西。从逻辑上说,马克思主义既然有它自己的出场路径,那么,它本身就不会是永无收场的时候。如果说世上有永世长存的东西,那就是黑格尔所说的"恶无限"(或"坏的无限")。所以,恩格斯才从黑格尔的"凡是合理的都是现实的和凡是现实的都是合理的"命题中得出"凡是现存的都是应该灭亡的"这个革命的结论。历史地、辩证地看待马克思主义是符合马克思主义自身的本质精神的。作为一种文明,马克思主义必须被看作历史的而非永恒的,否则我们就复归黑格尔对待自己哲学的看法。马克思主义不是教条而是行动的指南,是来自社会生活的活生生的政治智慧。

马克思主义不是教条,"过时论"实质上是教条主义的懒汉思想的翻版。历史表明,教条主义是唯书唯上。作为一种顽症,教条主义在不同的历史时期有着不同的表现形式,是产生"过时论"的温床和土壤。中国共产党党史表明,教条主义思想路线曾给我党带来惨痛的经验教训。教条地对待马克思主义,懒汉式地抱住马克思主义的"本本"不放,使马克思主义变成空中楼阁,不接地气,这样难免就会犯刻舟求剑、削足适履之类的错误。说穿了这是一种对待马克思主义的懒汉式的态度,是将马克思主义变成包医百病的口头禅式的"灵丹妙药"。在我们党的历史上,曾用马列主义老太太来形容某些对马克思主义夸夸其谈的人们,这些人说的是一套而做的是另一套,当面一套而背后是另一套,对人一套而对己是另一套。"过时论"本质上属于"本本主义"。"照镜子,正衣冠"首先是正自己的衣冠。马克思主义不是教条,但是有人把它弄成教条主义的东西。"过时论"在于硬要将马克思主义不具有的功能强加给马克思主义,这就会使其陷入十分尴尬的境地(我们对反马克思主义者如波普、曼海姆、福山等应做出回应)。教条主义形式上是将马克思主义神化,实际上不是敬畏马克思主义而是糟蹋马克思主义,甚至让马克思主义变得庸俗化。说到底,教条主义或"本本主义"是思想上的、实践上的懒汉,表面上神话马克思主义,实质上是在败坏和糟蹋马克思主义。启用古典马克思主义这一概念,绝不等于使马克思主义不在场或失去话语权或沉默。

和任何一门科学一样,马克思主义也具有它自己的科学功能。马克思主义具有严密、完整的思想体系域或理论场域;它的主要内容表现为哲学、政治经济学和科学社会主义。马克思主义哲学是世界观、是智慧、是方法;马克思主义政治经济学科学地分析人类社会生活;科学社会主义是给人类社会发展定向。马克思主义分析人类生活中的经济生活现象,而又不是纯经济式的分析;所以,当代国际政治与经济是马克思主义理论教育必须关注的。政治从来都是附着经济生活的,经济现象也都反映着某种政治价值取向的。资本主义社会在马克思那里被视为人类社会的前史,这就抛弃了历史循环论;人类社会的本真状态就是它的原生态的社会状态,就是意味着要朝着人类的终极目标所指方向迈进。马克思主义有着自身的功能,不能期望马克思主义具有一种它原本就不具有的功能;如果期望马克思主义具有它自身不具有的功能,那么就会令人大失所望,因为这不是将马克思主义功能泛化或放大,就是缩小了马克思主义功能。强调马克思主义是历史的而非永恒的,不能仅仅停留在认识上和理论上,而更应该在现实生活中将马克思主义当作历史的东西来对待,从而避免使马克思主义神学化,从而避免将马克思主义变为蒙昧主义。

不管是把马克思主义当作永恒的,还是期待马克思主义拥有它原本不具有的功能,都是将马克思主义非马克思主义化。而某些人打着思想解放的旗号,搬弄西方哲学话语范畴,对马克思主义进行别出心裁的解读和阐释,从而把马克思主义弄得不伦不类,变成只有阐释者自鸣得意而使受众莫名其妙的东西。如果是马克思主义研究领域的精英们在做这样的事情,那么后果将是更加可怕的。在作为马克思主义主要接受群体的青年学生中,这样的精英们因硕果累累而成为莘莘学子心目中崇高的学术偶像,作为偶像的精英们一颦一笑皆直接影响着青年学子的思想世界。思想理论领域的精英们搬弄马克思主义名词术语,将马克思主义弄得不伦不类,沉醉于马克思早期带着德国古典哲学家的话语范畴,从学理上恣意阐释马克思主义,这些恰恰是与马克思主义格格不入的。诚然,穿越受众心理底线时会给精英们带来一种游刃有余的快感,而带给青年人精神世界的却是些杯盘狼藉的东西。

在马克思那里,崇尚的是历史的东西,而永恒的东西在他看来充其量只不过是文学上的夸张。早在资本主义社会形态处于繁荣阶段,马克思就曾明确断言,资本主义是历史形态的东西或资本主义是历史的而非永恒的。对于马克思主义本身来说,它也是一种历史的而非永恒的东西。这就意味着马克思主义也经历一个孕育、产生、发展和将完成其历史使命的过程。它不是从天上掉下来的,不是从来就有的,不是空穴来风,不是人们拍脑袋拍出来的。永恒的非历史的东西最终都是神学的东西,而神学是无法从历史发生学的角度解读的。然而,现实生活中,人们对马克思主义将会完成它自己的历史使命这个问题似乎是避而不谈的。在我国,共产党的领导是天经地义的,而只要从历史的观点看,也是可以超越的,只是现在的中国还没有出现一个比中国共产党更卓越的政党(尽管有着许多党派)。放眼世界,美国不也就是共和党和民主党轮流执政;按某些人的逻辑,美国不应该只是由两党交换统治,但这就是美国政党执政方面的现实状况。

而中国是共产党执政、多党派参政,如果哪一天中国出现了多党轮流执政或联合执政,那一定是中国政党史上的开天辟地的大事件。这样看待和前瞻我们党的发展是符合马克思主义唯物史观的。

现实生活中,有人还会将马克思主义当作超历史的东西看待,譬如,他们往往将崇高的共产主义理想当作是永恒的、终极的东西,似乎没有什么东西能够超越共产主义社会。这实际上不是在捍卫马克思主义学说,而是将马克思主义庸俗化和神学化,割断了马克思主义与历史的联系,而且这与资产阶级辩护士们将资本主义社会形态说成是历史的终结本质上毫无二致。这实际上是将马克思主义非马克思主义化了,是打着马克思主义旗号却肢解甚至阉割马克思主义。事实上,有些马克思主义的阐释者只是与马克思主义攀亲结缘,急功近利式地将马克思主义变成他们自己的敲门砖。解读马克思主义确实有多种模式,但不管采用哪种解读模式,都必须尊重马克思主义应有的稳定的语境,因为马克思主义不是任人煎炸的面团;反对实用主义地对待马克思主义,因为这样会将马克思主义变成"非鱼非肉"的东西。解读马克思主义文本不能没有底线,不能关起门来解读,而要了解和研究西方学者对马克思主义的阐释。因此,对马克思主义的解读和阐释,要和国际马克思主义学界接轨。不能试图用中国文化来溶解马克思主义;如果这样,就类似于给马克思主义洗硫酸澡,过分膨胀地强调中国文化的特质,这势必会在表面上造成马克思主义在中国水土不服。

对"古典马克思主义"概念的沉思。

马克思主义这个概念传入中国,已经超过一个世纪了。没有哪一个概念能够像马克思主义这个概念一样对中国社会产生如此空前巨大的影响。在我国改革进入深水区的今天,不应忌讳"正统马克思主义"这一概念,更重要的是,我们郑重主张启用"古典马克思主义"这一概念。在西方学界,通常将马克思、恩格斯的思想称之为"古典马克思主义",也就是马克思、恩格斯所论述的社会理论。古典不等于不在场或失去话语权,更不意味着陈旧、过时。只有依据马克思主义谱系准确地把握古典马克思主义和正统马克思主义这两个概念,才能科学地定位中国化马克思主义,特别是其中具有中国特色社会主义理论的历史价值和现实意蕴。古典马克思主义这一概念中的"古典"绝不意味着古典马克思主义不在场或失去了话语权。古典绝不代表缺席或沉默。就德国古典哲学来说,黑格尔哲学到目前有过五次复兴(最近一次复兴正在进行着),20世纪依然是康德的世纪,因为康德提出的哲学问题仍然在困扰着人类。

科学地领会正统马克思主义这个概念,有助于定位正统马克思主义是介于古典马克思主义与中国化马克思主义之间的桥梁和纽带;启用古典马克思主义这一概念有助于使西方马克思主义尽快归宗入谱,证明西方马克思主义并不是什么旁门左道或异端邪说。自新时期我国改革开放以来,西方马克思主义是较早受到国内学界研究的西方社会思潮之一种。早在20世纪80年代初期,就有关于西方马克思主义研究的专著问世,西方马克思主义一度与人本主义思潮、科学主义思潮并列为三大社会思潮。西方马克思主义思潮的出场可从两个方面来看,一是对正统马克思主义的批评,强调对正统马克思主义视野之外的文化进行研究;二是在马克思主义谱系中,西方马克思主义本身也属于古典马克思主义之后的马克思主义思想流派。这样一来,我们就能把某些看似不入宗不入流的人物纳入马克思主义经典作家范畴,譬如,作为西方马克思主义奠基者之一——卢卡奇,这位20世纪马克思主义大理论家的著作当然应该算作马克思主义经典著作。古典与经典是两个需要加以辨析的概念。古典马克思主义有经典著作,西方马克思主义也有经典著作,如卢卡奇的《历史与阶级意识》、葛兰西的《狱中笔记》和科尔施的《马克思主义与哲学》;无论古典马克思主义著作或经典著作,还是西方马克思主义著作或经典著作,都属于马克思主义著作范畴。只是说后马克思主义不是马克思主义,这等于没说,因为它没有点出后马克思主义的理论特质,如同后现代主义不可简单地理解成不是现代主义一样。后马克思主义与古典马克思主义、西方马克思主义乃至中国化马克思主义之间存在何种关系,这是马克思主义学界和学者必须加以辨识清楚的问题。至少可以说,后马克思主义与马克思主义之间不存在断裂关系。这里的"后"也不纯粹是时间上的后,而标志着这个时期马克思主义的某些特征倒是和后现代这一概念中的"后"有着某种相似的所指。

无论古典马克思主义还是正统马克思主义,都置身于马克思主义谱系中,而且古典马克思主义在这个谱系中占据着始祖的地位。马克思主义思想史表明,马克思逝世后,恩格斯着实旨在通过《社会主义从空想到科学》和《自然辩证法》(未竟之作)来系统地阐述古典马克思主义学说。这样的阐述在于使古典马克思主义更加系统化,消除古典马克思主义自身中模糊不清甚至自相矛盾的成分,这就从而形成了正统马克思主义。正统马克思主义经过考茨基、普列汉诺夫,为列宁所捍卫和发展;而西方马克思主义作为在西欧自 20 世纪 20 年代以来发展出的知识马克思主义,力图使马克思主义变得更加精致、更加开放和更加流行,这是值得肯定的;而且西方马克思主义还考察了正统马克思主义领域以外的文化问题,这应该说是对马克思主义的一个贡献。应该看到,第二次世界大战以后,正统马克思主义受到来自新左派和新的社会运动导致的知识流派和政治流派发起的挑战,这也是不争的事实。然而,这绝不意味着列宁主义即为正统的马克思主义,像中国化马克思主义一样,列宁主义中既有古典马克思主义的内容又有正统马克思主义的成分。由此不难看出,对古典马克思主义和正统马克思主义这两个概念加以辨识所具有的理论价值。

现实中,对马克思主义这个概念的运用要求我们拥有稳定的语境。当人们说到在意识形态(政治和文化意识形态)领域要运用马克思主义引领时,这里所指的马克思主义的确切含义是什么呢?这里既不可将马克思主义这个概念泛化,也不能使它的含义变得太窄,但人们实际上对这个语境中的马克思主义这个概念在理解上不是太窄就是过于宽泛。因此,要消除这种理解上的缺位,就必须启用古典马克思主义这个概念。实实在在地弄清马克思主义谱系及其谱系中各家各派之间的牵连;古典马克思主义是源,而之后生出的思想派别是流,换句话说,古典马克思主义与其后的马克思主义诸思想派别间是源和流的关系。十分清楚,中国特色社会主义理论,作为中国化马克思主义的最新样态,不可简单地归结为"市场社会主义"理论,尽管绝大多数外国学者通常做出这样的等同。在视市场为上帝的美国人那里,市场不但不可监管甚至监督也是不可以的。在社会主义思想史上,最早提出市场社会主义的是蒲鲁东。绝对不能将中国特色社会主义简单地归结为市场社会主义,而确实早就有人说过,谁能够理论上将"市场"和"社会主义"完美地结合在一起,谁就应该获得诺贝尔经济学奖。我国经济社会发展的现实表明,市场是个中性的、工具性的东西,资本同样具有这样的特性。

中国化马克思主义源头可追溯到古典马克思主义,中国化马克思主义同时也含有正统马克思主义的元素,但不能被简单地归结为古典马克思主义和正统马克思主义的叠加,因为中国化马克思主义拥有它自己的独立的门户和安身立命的东西;实事求是地说,中国化马克思主义是当代马克思主义政治文明最高端的表现样态。在马克思主义谱系中,中国化马克思主义占据着独树一帜的地位,而且它的现实走向代表着当今国际共产主义运动的总体趋势。厘清马克思主义经典作家与古典马克思主义和马克思主义谱系及其谱系内各个思想流派之间的关系,有利于在世界范围内通过整合进而形成马克思主义政治智慧文明的理论场域,以便让世人名正言顺地分享马克思主义的政治文明。马克思主义理论场域中各家各派都做出了自己的贡献，应当互联互通，彼此接纳，弥合门户高低贵贱之分，从而形成高端共享的马克思主义政治智慧文明。如此态度和做法，不会降低中国化马克思主义的理论历史地位。在放下中国化马克思主义的唯我独尊的身段之后，中国化马克思主义就容易做到实事求是地定位自身在马克思主义谱系中的地位。这样一来，西方马克思主义也就自然而然入流归谱，成为马克思主义理论场域中的重要一支，从而消除西方马克思主义在我国马克思主义学界难以入流的尴尬现象。

启用古典马克思主义这一概念，有利于凸显马克思主义创始人马克思、恩格斯应有的历史地位。马克思主义经典作家是一个不断生成的群体。譬如，卢森堡、梅林、考茨基、普列汉诺夫现在都被算作马克思主义经典作家之列，但是这些经典作家都在古典马克思主义之后（他们大体上可列入正统马克思主义范畴）。作为经典作家，他们与马克思、恩格斯毫无区别，至少地位、辈分上没有明显的区别。我国学界所称作的"马克思主义经典作家"，通常包括马克思、恩格斯及其之后的领袖人物。这样的约定俗成式的称谓也没有突出马克思主创始人（或"老祖宗"）应有的历史地位。而启用古典马克思主义这一概念使我们能够做出如下的区分：马克思、恩格斯这两位马克思主义经典作家区别于之后的马克思主义经典作家，确切地说，马克思、恩格斯这两位马克思主义经典作家应属于古典马克思主义经典作家；古典马克思主义之后的马克思主义经典作家则有正统马克思主义经典作家、西方马克思主义经典作家、中国化马克思主义经典作家、马克思主义女权主义经典作家。在我国学界，就西方马克思主义来说，之所以有人认为西方马克思主义取代了古典马克思主义或比古典马克思主义更高明，有人认为西方马克思主义纯属旁门左道、异端邪说，这都是因没有正视和认同马克思主义理论谱系所致。

对中国化马克思主义的沉思。

按照意大利历史学家克罗齐的说法，"一切历史都是当代史"。马克思主义中国化史告诉我们，今天的中国化马克思主义在称谓上经历了一个历史发展过程。十月革命将马克思主义传入中国后，尽管有过"问题与主义"之争，以毛泽东为代表的中国共产党人用马克思主义之矢射中国革命之的，将马克思主义普遍真理与中国革命的具体实践相结合，从而产生了毛泽东思想以及之后的中国特色社会主义理论。中国共产党与马克思主义的关系首先是一个历史事实而不是一个理论，就像中国人民选择了中国共产党一样。"文化大革命"结束后，中国很快步入新的历史时期；以改革开放总设计师邓小平为首的中国共产党人在社会主义改革开放实践中创立了邓小平理论，邓小平理论自然而然代表着中国特色社会主义理论，开创了中国特色社会主义理论先河（国外有学者将"文化大革命"之后称为"后毛泽东时代"，这是用他们自己的理念范式来表述我国改革开放新时期）。在建设小康社会过程中，随着我国改革开放事业的不断深入，逐渐形成了"三个代表"重要思想、科学发展观，直到目前以振兴中华文明为目的的中国梦。毛泽东思想之后的邓小平理论、"三个代表"重要思想、科学发展观，此三者经过理论上的整合统一称作中国特色社会主义理论体系。从历史上看，中国特色社会主义理论与毛泽东思想的关系绝不是断裂关系，而应该是实际上也是继承关系。原因在于，中国共产党人都是在马克思主义指引下，不断用共产党人的智慧去解决中国社会主义革命和建设中的实际问题，在这样的过程中将马克思主义普遍真理与中国社会主义革命和建设的实际情况相结合，从而解决了中国新民主主义革命、社会主义革命和社会主义建设中的问题，才不断推动我国社会主义革命和建设事业健康蓬勃地向前发展，以至今天我国已经发展成为世界上第二大经济体。正是在这样一个波澜壮阔、可歌可泣的历史过程中，中国共产党人不断地将马克思主义中国化，从而理论上积淀出中国化马克思主义。十分清楚,马克思主义中国化过程的成果就是中国化马克思主义,就是毛泽东思想和有中国特色的社会主义理论,以振兴中华文明为目的的中国梦既是中国特色社会主义理论的延伸,也是中国化马克思主义的最新样态。

民国时期是马克思主义中国化的重要历史时段。"密纳发的猫头鹰要等到黄昏到来才会起飞",如果认同黑格尔这个断言的话,当今必须对民国时期做出深度的历史反思,甚至完全可以说,当今是产生民国哲学的时候。马克思主义中国化首先要有马克思主义文本。马克思主义文本是"洋本子",要中国化就必须把洋本子变成"土本子"。马克思主义主要文本大都是在民国时期翻译出来的。马克思主义中国化肇始于民国时期,不管是从毛泽东算起还是上溯至李大钊。民国时期出现了《德意志意识形态》的节译本,出版了马克思、恩格斯合著的《共产党宣言》和马克思的《资本论》全译本;涌现出了一批马克思主义文本翻译家,譬如,陈望道、郭大力、王亚南、郭沫若等,他们所制定的翻译规范和所翻译的某些术语为新中国马克思主义文本翻译打下了坚实的基础,乃至为整个西方文献的翻译确立了某种规范性的东西,直到今天,它们仍然是马克思主义文本翻译方面的不可多得的宝贵财富,为马克思主义文本翻译者所传承。

在对中国化马克思主义做沉思时,完全可以断言,共产主义思想的最为高端的形态就是中国特色社会主义理论。当代中国握有最有分量的马克思主义话语权。我国作为世界上第二大经济体本身及其运行机制独树一帜。有西方学者指出,中国现有经济模式显然不同于西方发达资本主义国家的经济模式,它化解风险和抵御金融危机的能力远远强于西方国家的经济模式。这绝不是用"市场社会主义"所能够解释得了中国经济持续30多年奇迹般高速发展这一现象的,因为西方社会玩转的也是市场。这样的奇迹标志着我国政治哲学大智慧已经出场。可以预见,我国经济在出现持续高速发展之后,整体趋势应该不会停滞倒退,但经济的进一步发展必然会遇到某些波折,尽管如此,市场在我国经济社会运行中的决定性作用应该是全方位的。由于国际利益集团的博弈和政治文化上的差异,在后理性时代必然会产生德性伦理世界的殊异,他者的价值观念会以自由选择或捆绑强加方式供我们选择或让我们被动接受。当今地缘政治的力量得到极大的彰显。我们的民族应该出现且已经出现一批新的领袖人物,新领袖没有跟在先贤后面亦步亦趋、东施效颦,也没有将先贤搁置一边另起炉灶,而是薪火相传式地继往开来,在秉持传统的同时拓展治国理政的新思路。

历史告诉我们,我国改革开放只有进行时没有完成时。这就要求我们必须具有清晰的指导思想,必须深度把握中国化马克思主义(即毛泽东思想和中国特色社会主义理论)。具体地说,必须启用古典马克思主义这个概念,必须正视位于古典马克思主义与中国化马克思主义间的正统马克思主义。诚然,不是使中国化马克思主义简单地回到古典马克思主义,也不是把古典马克思主义和正统马克思主义简单的叠加视为中国化马克思主义。而是要弄清中国化马克思主义在世界马克思主义政治文明场域中的地位,这就要求我们必须认同西方学者所梳理出的马克思主义谱系。在追寻和实现中国梦的今天,我们必须看到一种主义在一个国家产生长达一个世纪的影响而且还要继续发展下去这一现象,这就是马克思主义。马克思主义在我国百年的传承,使我们有着非常成熟的中国马克思学,而眼下当务之急是如何学习和运用马克思主义,换句话说,目前中国应该强化中国化马克思主义或多些中国化马克思主义,弱化中国马克思学或应该少些中国马克思学。我们完全可以理直气壮地说,当今中国特色社会主义代表着国际共产主义运动的最为高端的样态。

对如何解读马克思主义文本和从中获得什么的沉思。

马克思主义著作,特别是马克思主义经典著作,构成了马克思主义理论场域的稳定的载体。要从著作中吸收思想营养,首先就遇到如何解读经典著作问题。就一般的读书而言,古今中外有各种各样的说法。最原始的、最真切的是"书读百遍,其义自见"(朱熹的读书方法使人印象最为深刻)。就解读马克思主义文本而言,以往的从中学习立场观点方法的说法现在仍然在沿用。近来有人提出多种解读马克思思想的模式,例如"以马解马"(依据马克思本人的说法来理解马克思思想)、"以恩解马"(凭借恩格斯对马克思的总体评论来理解马克思)、"以黑解马"(通过黑格尔的总体思想来理解马克思),等等。拿"以恩解马"来说,依据是恩格斯《在马克思墓前的讲话》、《对〈关于费尔巴哈提纲〉的定位》、《社会主义从空想到科学》以及晚年关于历史唯物主义的多封通信(从恩格斯那里可以见到"以马解马"的源头)。"以黑解马"的根据是《1844年经济学哲学手稿》中对黑格尔劳动使人获得本质的肯定,《关于费尔巴哈的提纲》中进一步提出人的本质是社会关系的总和,《1857—1858年经济学手稿》中在劳动与人的关系方面马克思对亚当·斯密和黑格尔的见解的辨析(马克思在劳动问题上的理路是,在黑格尔关于主人与奴隶的辩证法启发下,肯定黑格尔劳动使人获得本质的观点,提出"异化劳动"这个经济哲学概念,在终止异化劳动思路后,提出人的本质是社会关系的总和的观点,《1857—1858年经济学手稿》中对劳动所做出的系列分析,劳动价值论,各尽所能按劳分配,各尽所能按需分配,共产主义社会中劳动成为人们自觉自愿的第一需要)。"以列解马"的依据在于,列宁提出的马克思主义来源和组成部分,只有解读黑格尔的逻辑学才能理解马克思的《资本论》(从列宁论断中可以见到以黑格尔解马克思的源头),辩证唯物主义和历史唯物主义密不可分,等等。通过解读马克思的文本,可从中具体学得话语、逻辑框架、理论思路、风格韵味。解读的最终目的是为建设中国特色社会主义服务。从方法上来说,要以核心文本为中心带动对马克思全部思想的体悟,解读文本中潜在的东西(从空白处读出东西),字里行间透露出的东西(孙伯鍨的深层历史解读法,阿尔都塞的症候阅读法)。这不但对马克思的文本而且对整个马克思主义的文本也都是完全适用的。

跟一般经典文本一样,马克思主义经典文本可以起到开心明智的作用。从马克思主义文本中学得话语或语段时,不能实用主义式地损害语境断章取义,不能割裂甚至阉割马克思主义本真含义。这里以马克思的文本为例。要分清哪些是马克思引用或转述别人的话,有时分清哪些是马克思的话不是很容易的,特别是在早期著作中,马克思往往是在批判别人的东西时闪露出自己的观点,譬如,《1844年经济学哲学手稿》中对黑格尔"劳动使人获得本质"的观点的认同,是在对黑格尔辩证法及其哲学的一般批判中出场的,再如,后期著作《哥达纲领批判》中,马克思在阅读《德国工人党纲领》时做批注过程中闪现出自己对共产主义两个阶段及其特征的总体构想。像孙伯鍨所说的,可以将马克思的理论概括为社会批判理论、社会革命理论和社会发展理论,这就是马克思超越费尔巴哈之后所形成的社会理论。毋庸置疑,马克思和费尔巴哈的最大分野应该在于社会这个维度,这集中体现在费尔巴哈和马克思对待人的问题上的殊异。

依靠解读马克思主义文本,既可澄清理论上的争论,也可为社会主义改革开放找到源头上的依据。社会主义初级阶段这一提法可以溯源到《哥达纲领批判》;《1857—1858年经济学手稿》中关于"资本的文明作用"和资本是"社会主动轮"的论断,意味着资本是具有工具性质的中性的东西,这就为今日我国经济社会中资本的出场提供了理论上的依据;学界对马克思主义哲学的命名颇具争议,到底是应称作唯物史观或历史唯物主义,还是实践唯物主义或新唯物主义,应该说这些称谓在马克思那里都可以找到文本依据,但马克思最为明确地为自己哲学命名的是"新唯物主义"。就如何解读马克思主义文本来说,要和国际学界的解读接轨。以国外对马克思核心文本的确定来说,在长达 100 多年的时间里先后经历了三次漂移:从《资本论》到《1844 年经济学哲学手稿》再到《1857—1858 经济学手稿》(还有《1861—1863 年经济学手稿》)。在这里,我们试以《1857—1858 经济学手稿》为例解说具体的解读视野和解读马克思主义文本的总体理论结构场域。首先,必须弄熟《1857—1858 年经济学手稿》这部文本。就是要做到对这部手稿了如指掌、如数家珍、倒背如流。如此方能做到熟能生巧,专而精而通,触类旁通。马克思主义学术精英们只有做到这样,才能读出文本中的"真经",悟出其中的"真谛",才能不至于像对待面团那样随意油炸马克思文本(不是低估某些精英们的君子之心,而是他们确实是造出了某些浅入深出之类的莫名其妙的东西,这种东西无论于读者还是于社会都是贻害无穷)。其次,通过对《1857—1858 年经济学手稿》的解读,带动对马克思其他文本群的解读;在西方学者所说的青年马克思与老年马克思之间架起一座桥梁,也即在《1844 年经济学手稿》和《资本论》之间架起一座桥梁。再其次,掌握国外学者对马克思《1857—1858 年经济学手稿》的解读、研究的历史与现状,特别是他们那些新颖的见解。最后,放在当代马克思主义中国化的政治文明场域中来解读《1857—1858 年经济学手稿》。斗胆地说,这里的四点也可以作为一般地解读马克思主义文本的理论场域的结构模式。

关于马克思主义体系问题的沉思。

凡是体系都应该是某些彼此联系的东西的整体,而杂乱无章的东西虽然表面上构成整体但实质上依然无体系可言。在马克思主义发展史上,有人曾对古典马克思主义体系的存在提出过质疑,而仅仅将马克思主义创始人的思想或社会理论归结为"经济决定论"。在马克思主义是否拥有完整的理论体系问题上,我们应该毫不犹豫地做出肯定的回答。根据马克思、恩格斯的文本,看不出他们俩刻意去构造自己的思想体系,倒是呈现出马克思、恩格斯深入黑格尔思辨哲学的宫殿去竭力拯救辩证法和批评青年黑格尔派成员(施蒂纳、鲍威尔等人)死死抱住黑格尔哲学体系中某个部分加以任意发挥的做法。然而,这一事实这并不能够证明古典马克思主义缺乏完整的理论体系。19世纪末20世纪初,有人(如伯恩斯坦)提出社会主义可以透过资本主义实现,因此要修正马克思主义,还有人将古典马克思主义简单地归结为"经济决定论"。这时,列宁站出来捍卫马克思、恩格斯的学说,以马克思主义和修正主义对比的方式,揭露和批判了伯恩斯坦"最终目的算不了什么,运动就是一切"的修正主义,继而在纪念马克思逝世30周年时,阐述了马克思主义的理论渊源和内在结构,论述了古典马克思主义的三个来源和三个组成部分。这就意味着列宁在马克思主义发展史上第一次提出了马克思主义具有完整的科学体系。

单就马克思主义体系的哲学部分来说,马克思主义哲学是讲究本体的(卢卡奇的社会存在本体论的思考值得肯定),但是,如果说马克思主义哲学有本体论,那么,它的本体论超越了旧的本体论哲学;马克思主义(古典马克思主义、正统马克思主义、中国化马克思主义、西方马克思主义)哲学不再是抽象地去研究存在及其特征,而是展现出一种基础本体论,即只不过是认同"自然界"或"感性的外部世界"是基础性的东西,而不复去对这种基础性的东西溯本求源,不去重蹈逻辑上无穷回归的覆辙或不复陷入黑格尔所摒弃的"坏无限"("恶无限")的泥潭,换句话说,马克思主义哲学这是在强调"有米才有炊",这就表明马克思主义哲学是一种超越古代朴素唯物主义、近代形而上学唯物主义的新唯物主义。任何想把马克思主义哲学变成"类哲学"的做法实质上都是在背叛马克思主义哲学。任何将马克思主义哲学等同于旧哲学本体论的做法,都是没有从根本上领会"新唯物主义"的精神实质。关于马克思主义哲学的称谓问题,马克思在《德意志意识形态》中着实将"实践的唯物主义者"当作"共产主义者"看待,而只有"新唯物主义"才标志着马克思创立了使朴素的、机械的唯物主义、费尔巴哈的人本学唯物主义所无法比拟的新哲学(当然,马克思主义哲学史上,历史唯物主义或唯物史观、历史理论、历史哲学、辩证唯物主义和历史唯物主义,这些都曾被当作马克思主义哲学的称谓看待)。在学术层面,不管对马克思主义哲学采用何种称谓,都不应损害马克思主义哲学的精神实质,更不应恣意阐释甚至阉割马克思主义哲学。有人在堂而皇之地自以为发展了马克思主义哲学是可以的(不能不让这样的哲学家们言说),而将不属于马克思的东西强加给马克思,甚至将当年遭到马克思无情批判的东西硬加在马克思的头上(有的学者随心所欲地解读马克思),不管怎样,这都是让人无法容忍的。

在思辨哲学中,黑格尔为了自己唯心主义体系而到头来却扼杀了唯心主义辩证法;在黑格尔那里,体系的封闭性和保守性是显而易见的,不过并非体系肯定具有这样的弊端,体系同样可有自身的开放性,因此,我们大可不必谈体系而色变。马克思主义哲学不是体系哲学或是反体系哲学,诚如孙伯鍨所说的那样;因为马克思主义创始人不是去建构什么思想体系(包括哲学体系),而是在改变世界过程中留下了思想的轨迹,在稳定的语境中呈现出自身的科学体系。毫不夸张地说,将古典马克思主义这个源头性的思想体系理清了,其后的由完整马克思主义谱系中各个支脉构成的马克思主义理论场域结构自然而然也就一清二楚了。在古典马克思主义中,体系是没有地位的,马克思、恩格斯反对建构黑格尔式的流产的人类精神体系(尽管杜林恶意地让马克思挂着黑格尔的精神拐杖);但是,这绝不等于马克思、恩格斯的社会理论没有完整的体系(而恰恰是具有科学体系的),更不等于马克思主义完整的理论结构场域缺乏体系。应该说,体系不见得肯定具有封闭性,而应该具有开放性。就马克思主义体系而言,马克思主义三个来源、三个组成部分的说法只不过是列宁对古典马克思主义思想体系的一种解读,而应该说对古典马克思主义思想体系还可做出多种建构。可从基本范畴角度来理解或描述古典马克思主义思想体系,或可用范畴作为基点来建构古典马克思主义思想体系。从历史主义发生学的角度,依靠"深层历史解读法"解读或建构或描述马克思主义的科学体系也构成一条新的路径。诚然,较之描述,建构马克思主义体系花费的气力要更大些。还可以且应当从历史主义发生学切入,对古典马克思主义思想体系乃至整个马克思主义思想体系的发展脉络做出动态过程的观照和把握。

马克思主义体系及其基本范畴互通互联。在确立或厘定马克思主义基本范畴方面,无论是从学理层面来看,还是从社会生活的实践过程来看,首要的是,这样的范畴要能够贯穿古典马克思主义、正统马克思主义、西方马克思主义、中国化马克思主义理论场域结构的始终,但不是要求个个基本范畴都构成马克思主义理论场域结构中的一根红线或一以贯之的东西;而马克思主义创始人(或"老祖宗")的思想或古典马克思主义则自始至终是原发性的、根基性的、初始的因素。十分清楚,在探究马克思主义科学体系过程中,启用古典马克思主义这个概念,用其取代一直沿用的泛化的经典马克思主义这样的提法,这是与我们强调马克思主义谱系的在场密不可分的;唯有正视且认同马克思主义谱系的真实样态,才能彰显古典马克思主义这个概念应有的历史地位,才能避免淹没、掩映或遮蔽马克思、恩格斯思想应有的历史地位。置身于21世纪的我们,不是要去高扬我国成熟的马克思学(不要去津津乐道我国马克思学堪与西方马克思相媲美),而是要去强化和做实改革开放中的中国化马克思主义,继续推进现已在场的中国特色社会主义向高端发展。从这个意义上说,对马克思主义(特别是古典马克思主义)文本的研究是一项源头性的研究;当代中国确实应该少些或弱化马克思学而应该多些或强化马克思主义。

2013年是我国著名哲学家孙伯鍨逝世十周年。我们在这里缅怀这位在马克思主义哲学领域做出杰出贡献的大哲学家。

前　言

　　两年前,在恩师朱进东教授的精心指导下,我对马克思相对剩余价值理论的隐性逻辑即人与技术的关系进行了系统研究①,着力彰显相对剩余价值理论中被"遮蔽"的理论内涵,辨识马克思主义谱系内各家各派所持观点,明确提出相对剩余价值理论是全面理解 20 世纪 30 年代乃至马克思之后(马克思创立相对剩余价值理论,即 1867 年《资本论》第一卷出版之后)整个西方文化特别是人与技术关系的重要理路,并就相对剩余价值理论在当代中国是否在场、何以在场做了探讨。彼时关注点主要集中于人与技术关系这个被暂时"遮蔽"或"悬搁"的隐意。通过进一步研究,马克思本人对相对剩余价值理论的阐释并非局限于后人解读通常遵循的逻辑链条(即:个别资本家率先引进先进技术—赢得比较优势—攫取超额剩余价值—行业内竞相普及该技术—实现相对剩余价值),追逐与实现技术创新当属其中应有之意,以往相关研究对此内涵挖掘和解读尚不充分,难免有损相对剩余价值理论的完整性和丰富性。

---

　　①　朱斌:《遮蔽与在场——马克思相对剩余价值理论研究》,南京大学出版社,2016 年版。

本书依托马克思主义文本,致力于回到相对剩余价值理论的原点,深度解读古典马克思主义①对相对剩余价值研究的脉络,首次彰显蕴含其中追逐与实现技术创新的隐意,探究资本市场筛选评价技术创新规律。从追逐超额剩余价值到实现相对剩余价值,核心就是推动企业技术进步和优化组合各类生产要素,关键在于新技术、新材料、新工艺、新产品的开发与使用。凸显企业创新主体地位,毫不停歇地推进技术创新及其应用,既是相对剩余价值理论的潜在主线,也是市场经济的一般法则。实践证明,在各种直接的、间接的融资方式中,资本市场匹配资金供需最有效率、最具活力。马克思的经典名言深刻揭示了股份制的资本集中功能,"假如必须等待积累使某些单个资本增长到能够修建铁路的程度,那么恐怕直到今天世界上还没有铁路。但是,集中通过股份公司转瞬之间就把这件事完成了"②。通过股份制的形式将分散的中小资本和社会闲散资金等集中起来,有力促进技术创新及其在广阔领域的应用,从而高度契合社会化大生产的需求。

发达国家资本市场支持技术创新的经验可资借鉴。资本的本性就是逐利,在运动中最大限度追逐价值增殖。那些符合社会发展趋势、具有广阔市场前景、能够带来丰厚收益的技术创新,自然会得到风险投资的关注和青睐。市场这只"看不见的手"发挥着"指挥棒"作用,引导资本投向,实现优化配置。美国硅谷创新奇迹得益于风险投资价值发现、市场运作和择机退出机制,本质则是发达资本主义国家

---

① 朱进东教授在《古典马克思主义:一个新的话语范式》中首次主张,将"古典马克思主义"话语范式纳入中国化马克思主义,视其为当前建构中国化马克思主义话语体系的原初范式。"古典马克思主义"是一个历史范畴,指的是马克思和恩格斯阐述的经济学理论、哲学理论和社会学理论。古典马克思主义对此后形成的世界马克思主义的谱系起到统领性和规范性的作用。启用"古典马克思主义",有助于揭示由古典马克思主义生成的话语范式链,有利于凸显马克思和恩格斯思想应有的历史核心地位,有助于打通从古典马克思主义到正统马克思主义、中国化马克思主义、西方马克思主义的历史理路。

② 《马克思恩格斯文集:第5卷》,人民出版社,2009年版,第724页。

相对剩余价值的实现形式;纳斯达克为辨识高新技术项目创造平台,为风险投资功成身退塑造典范,成为技术创新的强力引擎。

我国资本市场孕育、发展、壮大,是从高度集中的计划经济体制到充满活力的社会主义市场经济体制、从封闭半封闭到全方位开放的伟大历史变革中的重要成就。生产和实现剩余价值是市场经济的共性特征,社会主义市场经济仍然是相对剩余价值理论存在的场域。必须明确的是,社会主义条件下的剩余价值与资本主义条件下的剩余价值有着根本的异质性,社会主义制度祛除了剩余价值是"被资本家无偿占有的剩余劳动和剩余产品"的资本主义特性。二者的本质区别是在不同社会制度、不同政治环境中进行的,追求的终极目的更是迥然不同。资本主义主张资本和剩余价值的永恒性,而社会主义在承认资本和剩余价值历史合理性、注重发挥资本文明作用的同时,清楚地看到其存在的界限和最终消亡的历史必然性。要科学认识、自觉运用相对剩余价值理论特别是追逐与实现技术创新的内涵,更好地利用和驾驭资本逻辑,推动新时代中国特色社会主义的发展。为破解科技型中小微企业融资困局,我国资本市场进行了积极探索,多层次资本市场体系雏形初显,并从"倒金字塔"结构逐步转向"正金字塔"结构。新时代资本市场承载着高效匹配技术创新投融资需求、切实维护投资者合法权益、积极拓展对外开放空间等使命担当,必须在深刻把握我国资本市场"新兴加转轨"特征的基础上,以融资功能完备、基础制度扎实、市场监管有效、投资者权益得到充分保护为根本指针,沿着市场化、法治化、国际化改革方向,加快完善多层次资本市场体系,统筹用好"看不见的手"与"看得见的手",着力锻造新时代"国之重器",推动我国由资本大国跃升为资本强国,为实现中华民族伟大复兴的中国梦提供重要动力和雄厚支撑,为发展中国家走向现代化贡献更多中国智慧、创造更多中国经验。

第一章

回到相对剩余价值理论原点

作为马克思主义政治经济学的核心和基石，剩余价值理论既是打开资本主义生产迷宫的"金钥匙"，也科学揭示了商品经济发展和社会化大生产的一般规律，更是经济学说史上的一场深刻革命，社会主义从空想到科学的伟大飞跃由此开启。传统政治经济学教科书将剩余价值视为资本主义市场经济的专利，较之简单粗放、"技术"含量不高的绝对剩余价值生产方式，相对剩余价值生产是一种更具隐蔽性、残酷性的剥削手段。循此路径，剩余价值便与剥削等同起来，旨在阐明"以物的依赖性为基础的人的独立性"阶段一般规律的剩余价值理论仅仅与资本主义社会形态相联系，社会主义市场经济发展进程中的诸多理论迷雾和实践误区均由此生发。回归古典马克思主义的原初语境，尤其是马克思本人对相对剩余价值的研究和阐释，就是要深度探寻相对剩余价值理论的本真意蕴，不以熟知为真知，不以已知为全知，致力将马克思、恩格斯未予明示且后继研究者挖掘尚不充分的理论内涵凸显出来，以期为深入研究马克思主义政治经济学提供些许参考。

第一节 研究缘起

毋庸置疑,马克思在创立剩余价值理论时,主要着眼日益激化的阶级斗争和蓬勃兴起的社会主义运动,旨在为日益觉醒的无产阶级提供科学理论指导,特别是对相对剩余价值生产的深入剖析,着力揭露和直观呈现资本家(资本)残酷压榨工人(劳动力)的新手段。研究阶级社会中的生产关系从来都离不开价值判断和利益趋向,马克思从唯物史观出发、站在工人阶级和广大劳动人民的立场、以自然科学的精准性研究相对剩余价值,实现了阶级性与科学性相统一、解释世界与改造世界相统一,诚如恩格斯所言,"科学越是毫无顾忌和大公无私,它就越符合工人的利益和愿望"①。伴随中国特色社会主义进入新时代,生产力水平和经济实力显著增强,诸多科技创新成果跻身世界前列,与此同时,发展不平衡不充分成为满足人民日益增长的美好生活需要的主要制约因素。相对剩余价值理论堪称马克思主义经济学范式的硬核之一②,坚持和发展中国特色社会主义政治经济学,应当充分发掘相对剩余价值理论的内涵并对其当代在场进行深入探究。这项研究理论性实践性兼备,既要深耕理论土壤,又要紧扣发展实践,在深化研究中坚持问题导向和目标导向,延着螺旋式上升的轨迹慎思明辨笃行。

一、彰显相对剩余价值理论隐意

资本具有无限追求价值增殖的贪婪本性,与生俱来地竭力裹挟一切自然的力量、技术的力量,汇聚到资本扩张的滚滚洪流中。就连

---

① 《马克思恩格斯选集:第4卷》,人民出版社,2012年版,第265页。
② 科学哲学家拉卡托斯吸收并发展了库恩的范式概念,提出见解独到的科学研究纲领方法论。拉卡托斯认为,科学研究纲领由硬核、保护带、反面启示法和正面启示法这四个有机联系的部分构成。硬核意指不容置疑的初始给定,具有"坚韧性""不可证伪"等鲜明特征,居于科学研究纲领的核心地位。硬核一旦遭受反驳和否定,便会动摇整个理论体系的科学性。本研究认为,相对剩余价值理论与劳动价值论均属"不证自明"的公理,贯穿古典马克思主义对政治经济学研究和阐释的始终,构成马克思主义经济学范式的"硬核"。

资本家本身,也不过是资本的化身和代言人。根据马克思对相对剩余价值的述说,个别资本家源于追逐超额剩余价值的内在驱力和迫于资本主义竞争规律的强制压力,积极采用先进技术手段,提高劳动生产率,使商品的个别价值低于社会价值,二者之间的差额即为超额剩余价值,个别资本家借此在激烈的市场竞争中处于优势地位。当然,这种状况不会一成不变,该企业短暂的领先状态很快就会被打破。随着这种先进技术被广泛采用,劳动生产率得到普遍提高,生活资料价值从而劳动力价值降低,必要劳动时间随之缩短,剩余劳动时间相应延长,由此剩余价值相对地增加。可见,从追逐超额剩余价值到实现相对剩余价值,核心就是推动企业技术进步和优化组合各类生产要素。在马克思看来,"劳动生产力是由多种情况决定的,其中包括:工人的平均熟练程度,科学的发展水平和它在工艺上应用的程度,生产过程的结合,生产资料的规模和效能,以及自然条件"①。可见,在决定劳动生产力水平的诸要素中,绝大多数直接或间接与科学技术的发展和应用紧密关联。毫不停歇地推进技术创新及其应用,既是相对剩余价值理论的潜在主线,也是市场经济的一般法则。资本家若想在激烈的市场竞争中崭露头角抑或维系生存不被淘汰,必须对新技术高看一眼、厚爱一分,既要注重率先引进成熟适用的技术,更要立足企业技术创新主体地位,积极开展自主创新,增强发展内生动力,抢占市场先机。现代科技发展日新月异,新技术、新材料、新工艺、新产品的开发周期缩短、更新换代加速,科技成果从实验室到工厂、到市场的速度越来越快,生产过程的自动化、智能化程度越来越高,企业技术创新的要求也日益迫切。从很大程度上说,谁能率先掌握核心技术,谁就能在行业中拥有话语权、占据引领优势。

创新总与风险相伴而生,没有风险就无所谓创新,创新愈大风险

① 《马克思恩格斯文集:第5卷》,人民出版社,2009年版,第53页。

就愈大。企业在开展技术创新之初,无法通过生产和市场来检验成效,新技术尚未转化为新生产力,也没有同类产品相关数据参照,其价值认定只有凭借既往经验判断。技术创新与风险利益紧密关联,既可能给企业带来利益增进,也会使企业蒙受损失。尽管企业开展技术创新活动具有高风险、不确定等显著特征,但从社会历史发展的规律和趋势来看,正如从来没有什么能真正束缚人们对自由的向往、对理想社会的追求,也从来没有什么能真正阻挡企业开展技术创新的渴求与脚步。企业技术创新既要拥有创新精神、创新文化、创新人才和激励机制,更离不开雄厚的资本投入。如果仅靠企业自身资本积累,远不能满足技术创新需求,这对企业的融资能力提出了很高要求。商业银行作为一种重要的间接融资途径,素来注重信贷风险评估与控制,倾向于和实力雄厚的企业合作短平快项目。而中小微企业往往缺乏与商业银行的战略协作关系,那些耗时长、见效慢、风险大的技术创新项目更是难以进入商业银行信贷的视野。诸多企业技术创新备受融资难、融资贵的掣肘,创新活动难以为继,进而陷入生产经营困境,企业融资难题已成为研发创新及其成果转化生命链中的瓶颈问题。

相对剩余价值理论不仅深刻揭示作为市场经济微观主体的企业追逐技术创新的动力之源,更内在蕴含着技术创新得以实现的机制、路径和动能。就本研究的主旨而言,马克思在《资本论》及其手稿中科学确立并系统阐释了相对剩余价值理论,这个具有划时代意义的理论成就既涵盖相对剩余价值的生产与实现两个紧密关联的方面,也深刻论述了技术创新的追逐与实现这两个逻辑的问题。在马克思看来,实现技术创新的最优融资平台和机制便是资本市场,即股份经济发展的高级形态。马克思科学揭示了自由资本主义向垄断资本主义过渡的必然趋势,高度关注资本主义新变化新动向,潜心研究信用制度、资本集中、股份公司、虚拟资本等一系列重要问题,形成了系统的理论观点。在马克思看来，伴随机器大工业蓬勃发展以及分工协作日益复杂，科技革命和社会化大生产迫切要求突破单个资本的限制，迅速集中大量货币资本。信用制度的建立和发展，不仅极大地迎合了加速资本周转、加快资本集中的发展需求，更直接促成股份公司和股份资本的形成。正是凭借信用，单个资本获得在一定界限内撬动、支配其他资本的权力，从而为开展技术创新、进行风险投资、培育新的经济增长点发挥有力的杠杆作用。股份公司通过发行股票及其他证券将分散的资本集中起来经营，形成高度契合社会化大生产的企业组织形式和资本运作方式，生产规模从此惊人地扩大了，单个资本不可能建立的企业出现了。以股票、债券等有价证券形式存在、能够为其持有者带来收益的虚拟资本，是现实资本的纸质副本、所有权证书，是生息资本的派生形式。虚拟资本运动的平台或载体就是资本市场，随着资本市场的交易更加集中、品种更加丰富、功能更加完备，为企业技术创新提供广阔的直接融资平台，有力支撑技术密集型、资本密集型产业发展壮大，为向新的生产方式过渡创造愈加丰厚的现实条件。

二、推动我国创新驱动发展实践

马克思深刻指出："资本的文明面之一是，它榨取剩余劳动的方式和条件，同以前的奴隶制、农奴制等形式相比，都更有利于生产力的发展，有利于社会关系的发展，有利于更高级的新形态的各种要素的创造。"[①]相对剩余价值理论反映社会化大生产和市场经济一般规律，内在蕴含着技术进步、生产力发展、制度变革与人的解放的辩证关系，通过消灭资本主义私有制和旧式分工，最终实现人的自由全面发展。共同富裕是社会主义本质属性和价值追求，实现途径是消灭剥削、消除两极分化，根本任务是不断解放和发展社会生产力。中国

---

① 《马克思恩格斯全集：第25卷》，人民出版社，1974年版，第925页。

特色社会主义是马克思主义与中国实际相结合的历史性飞跃,改革开放 40 年来,我国社会主义市场经济从建立到发展,取得了举世瞩目的成就,迅速攀升为世界第二大经济体。在坚持公有制主体地位和共同富裕这两条根本原则的基础上,立足社会主义初级阶段这个最大国情、最大实际,注重发挥资本的历史的文明作用,推动全社会创新活力竞相迸发、一切创造财富的源泉充分涌流。中国特色社会主义进入新时代,我国社会主要矛盾已从人民日益增长的物质文化需要同落后的社会生产之间的矛盾转化为人民日益增长的美好生活需要和不平衡不充分的发展之间的矛盾。解决这一矛盾的关键还是要靠发展,将五大发展理念特别是居于首位的创新理念贯彻到经济社会发展的全过程、各方面,以供给侧结构性改革为主线,推动经济发展质量变革、效率变革、动力变革,积极适应和引领从高速增长转向高质量发展的经济新常态。实现经济发展动能转换,必须坚决摒弃高消耗、粗放式的发展模式,根除经济增长过多依赖低端产业、过多依赖低成本劳动力、过多依赖资源环境消耗等弊病,真正实现从要素驱动、投资驱动转向创新驱动。

牢固确立创新驱动战略在国家发展全局中的核心位置,充分发挥科技创新对提高社会生产力和综合国力的战略支撑作用,既要从宏观上强化对科学研究与技术创新的政策支持、环境塑造和文化涵养,更要从微观上凸显企业创新主体地位,以提高自主创新能力为重中之重,通过掌控核心技术话语权提高市场占有率和国际竞争力。以新一代人工智能技术为例,《新一代人工智能发展规划》暨重大科技项目启动会公布了我国第一批国家人工智能开放创新平台,包括:依托百度公司建设自动驾驶国家新一代人工智能开放创新平台;依托阿里云公司建设城市大脑国家新一代人工智能开放创新平台;依托腾讯公司建设医疗影像国家新一代人工智能开放创新平台;依托科大讯飞公司建设智能语音国家新一代人工智能开放创新平台。这是贯彻党的十九大报告关于"推动互联网、大数据、人工智能和实体经济深度融合"要求的重要战略举措,我国首次明确提出以人工智能领军企业为应用建设平台,充分发挥其技术、数据资源等优势,推动人工智能技术与传统行业深度融合,加快构建以技术为纽带的产业价值链。上述四家赫赫有名的龙头企业把握科技时代脉搏、勇立创新发展潮头,国家规划引领和市场高度认同兼备,必将为现代化经济体系和创新型国家建设注入强大动能。然而,绝大部分企业特别是中小企业技术创新却只能望其项背、无法企及,技术创新活动所需的大量资金往往难以筹集,中小企业融资的"麦克米伦缺口"①仍在周而复始地上演。尤为突出的是,许多企业自主创新的意识和能力均差强人意,更多依靠直接引进国外先进技术,在技术落地实施过程中也没有很好地实现技术的吸收与转化,加上一些国家热衷设置名目繁多的新贸易壁垒,导致我国诸多企业特别是技术密集型企业的高端技术竞争力不强。

破解创新发展中的难题亟须新时代中国特色社会主义政治经济学提供科学指导,相对剩余价值理论蕴含的追逐与实现技术创新的逻辑理路在当代中国仍然熠熠生辉,既要旗帜鲜明支持企业对技术创新的追逐,大力营造有利于大众创业、万众创新蓬勃发展的政策环境和制度环境,最大限度激发创新活力和创造潜力;更要遵循新技术从导入期、成长期到成熟期各个阶段发展规律、契合技术进步轨迹的融资需求,加快构建结构合理、功能完善、规范透明、稳健高效、开放包容的多层次资本市场体系,为企业实现技术创新提供最优融资支

---

① 为摆脱 1929—1931 年经济危机导致的严重衰退困境,英国政府指派以麦克米伦爵士为首的金融产业委员会对英国金融业和工商业展开深入调查。该机构提交的报告认为中小企业发展过程中存在资金缺口,即资金供给方不愿意按中小企业所要求的条件提供资金。此后,人们将中小企业和金融机构之间横亘的难以逾越的融资壁垒称为"麦克米伦缺口"(Macmillan Gap)。关于麦克米伦缺口成因的分析,后世最具代表性的观点是信息不对称导致市场失灵,金融资源无法实现有效配置;治理路径主要包括积极运用政策性金融手段、最大限度降低银企之间交易成本、完善多层次直接融资体系等。

持。随着社会主义市场经济深入发展,资本市场对技术创新的加速功能和倍数效应日益凸显,成功对接资本市场预示企业创新发展跨上新台阶。从一定意义上说,谁能做好技术创新的融资文章,谁就有望占据行业制高点,从而掌握发展的主动权、主导权、话语权。从发展中国家跨越中等收入陷阱的视角来看,关键要依靠资本市场支撑创新驱动发展,实现新旧动能转换,推动经济结构转型升级。但凡成功跨进高收入阶段的国家皆遵循一条重要经验,即建立和完善以资本市场为核心、技术革命与金融资本融合共生的经济运行机制,美国的硅谷和华尔街就是科技创新源泉与创新创业动力的融合发展典范。我国经过改革开放以来的经济持续高速增长,一度成为"世界工厂",尽享人口红利。伴随中国经济悄然遭遇人口红利转为人口赤字的"刘易斯拐点",曾经极大展现劳动密集型产业低成本的优势日趋弱化,而技术密集型、资本密集型产业优势尚未形成,特别是资本市场对深入实施创新驱动发展战略的支撑作用远远不够。如何充分释放资本市场功能,最大限度激发技术创新活力,推动产业升级和经济转型,这是当前中国资本市场改革发展的重中之重。

第二节　文献述评

一、国内研究现状与评析

关于相对剩余价值与技术创新关系的研究。针对 20 世纪 90 年代后期大多数国企经济效益不高甚至有些持续亏损的状况,邱家洪提出要重视和运用相对剩余价值理论,积极发挥相对剩余价值生产方法对优化企业组织结构和加快企业技术进步的重要作用,推动国企摆脱经营困境、实现扭亏为盈。柳昌清认为,按照马克思的论述"相对剩余价值的生产使劳动的技术过程和社会组织发生彻底的革命"①,那么"相对剩余价值的形成依赖于劳动生产率的提高,而劳动生产率的提高又依赖于生产部门科技装备水平的提高、经营管理水平的提高和劳动者素质的提高"②。剩余价值不仅是剥削的源泉也是积累的源泉,社会主义企业也应以创造更多剩余价值为目标,根本途径就是采取相对剩余价值生产方法,通过知识的积累和创新来实现。杨维、刘苍劲认为,组织管理和科学技术都是生产力,"在近现代的资本主义大生产中,劳动过程的组织管理对劳动效率的提高、生产力的进步起着举足轻重的作用。合理的劳动组织和科学的管理方法,能够节约社会劳动,提高产品质量,在越来越大的程度上促进生产力发展。生产过程的组织管理与科学技术和劳动者、劳动资料、劳动对象的关系可以表示为:生产力(生产成果)=[(劳动者+劳动资料+劳动对象)×科学技术]×生产过程的组织管理"③。刘冠军提出,相对剩余价值不仅仅是身处企业现场的生产工人创造的,"相对剩余价值在实质上是科学价值库的价值伴随技术创新和生产创新的不断进行而在经济系统中的再现,归根到底来源于科学人员的创新劳动所创造的剩余价值"④。

关于中小微企业融资困境与资本市场关系的研究。樊纲认为,直接融资和资本市场是企业初创时期的主要融资方式,中国金融体系所缺乏的首先就是一个多层次的、能够为广大中小民营企业融资服务的资本市场。⑤ 赵亚明等认为,金融业结构失衡和多层次资本市场发展滞后是导致我国中小微企业陷入融资困境的重要原因,结

① 《马克思恩格斯全集:第 44 卷》,人民出版社,2001 年版第 583 页。
② 柳昌清:《相对剩余价值来源于知识的积累和创新》,载《中共郑州市委党校学报》,2002 年第 1 期,第 26 页。
③ 杨维、刘苍劲:《论剩余价值的实现条件》,载《马克思主义与现实》,2006 年第 2 期,第 170 页。
④ 刘冠军:《科技创新与相对剩余价值生产——一种现代科技劳动价值论视域的研究》,载《郑州大学学报(哲学社会科学版)》,2006 年第 39 期,第 72 页。
⑤ 樊纲:《发展民间金融与金融体制改革》,载《上海金融》,2000 年第 9 期,第 4 - 5 页。

构合理的多层次资本市场既有助于解决中小微企业的融资难题,还能够为中小微企业的快速成长和技术创新提供公平透明的竞争机制。① 苏峻等认为,揭示资本流向与资本原理反向的"卢卡斯悖论"也适用于中小企业融资难问题,资本之所以未按照扩张逐利的原理流向报酬率高的中小企业,就是"因为金融支持体系的滞后而使得中小企业自身无法有效改善公司运营和治理结构,以致信息不对称变得愈发严重,有效需求仍然有可能得不到有效供给"②。因此,必须充分发挥资本市场融资功能尤其是创业板的灯塔效应,形成浓厚的企业自主创新氛围,从而带动产业结构和经济结构的调整。吴元波认为,当前我国多层次资本市场尚未真正形成,同质化的制度安排难以有效满足多样化的投融资需求和风险管理要求,必须加快改革创新步伐、完善资本市场结构,使我国多层次资本市场成为中小企业的主要融资渠道。祁斌提出,资本市场从三个方面为中小企业和科技创新提供重要支撑:资本市场为中小企业和科技创新型企业提供接力棒式的资金支持;资本市场的制度安排有助于完善企业治理结构,优化企业激励机制;资本市场为中小企业提供并购平台、投行专业服务、市场信号导向等多方面社会资源。要从积极发展场外交易市场、壮大和发展中小板和创业板市场、规范发展创业投资和私募股权投资基金、加快推动公司债市场发展等方面着力,加快多层次资本市场建设,化解中小企业和科技型企业发展困局③。

关于企业技术创新与风险投资关系的研究。吕炜通过对不同资源配置方式下既有企业组织技术创新效率的分析,揭示企业内源性

① 赵亚明、张彤、卫红江:《多层次资本市场与中小微企业融资研究》,载《金融教学与研究》,2012年第6期,第65页。
② 苏峻、何佳、韦能亮:《创业板与中小企业融资问题再探——基于卢卡斯悖论的思考》,载《证券市场导报》,2011年第6期,第10页。
③ 祁斌:《加快多层次资本市场建设化解中小企业发展困局》,载《金融市场研究》,2013年第5期,第19-22页。

技术创新在解决现代高科技成果商业化开发的诸多方面存在机制障碍,进而深入探讨了风险投资机制的技术创新原理。风险投资企业的新的合约方式从外部组织资源,其组织结构和投资机制能有效突破技术创新障碍。任何一项无形资产或准无形资产的价值在交易时总以潜在价值的形态存在,直接交易的双方难以在价格上达成一致。最佳解决路径就是交易双方共同承担延时估价和间接评估所无法避免的交易成本,即买卖双方共同组建一个创业体,在未来潜在价值赋形于新产品和新服务市场销售的真实价值确定时,计算出双方的"产权剩余收益"。这种新的组织方式在微观上有助于实现企业获取超额利润的动机,在宏观上有助于国家经济增长获得持续的技术创新动力。① 王亮认为,风险投资在既有企业组织外部形成符合风险企业成长要求的资源支持系统,推动技术创新系统由慢变快,进而使国家整体技术创新能力大幅提升。② 龙勇等认为,风险投资作为一种特殊的投资形式,不仅能为高新技术企业解决"融资难"问题,还能提供一系列非资本增值服务,风险投资机构通过参与企业经营管理和重大决策等方式,提升企业的技术创新能力和核心竞争力。③ 李俊江等实证分析了风险投资对美国小企业开展自主创新的促进作用,认为风险资本注重企业竞争潜力、甘于承担风险,是小企业特别是高新技术企业自主创新和做优做强的重要融资渠道,我国风险投资市场应积极借鉴美国小企业自主创新与风险投资的互动共荣,优化风险投资的运行和退出机制。④ 姚丰桥等针对风险投资和技术创新企业之间存在的委托代理、信息不对称等问题,运用博弈模型分析二者

---

① 吕炜:《论风险投资机制的技术创新原理》,载《经济研究》,2002年第2期,第48-56页。

② 王亮:《风险创业提升国家技术创新能力机理研究》,载《江西社会科学》,2003年第5期,第16页。

③ 龙勇、刘誉豪:《风险投资的非资本增值服务与高新技术企业技术能力关系的实证研究》,载《科技进步与对策》,2013年第3期,第63-67页。

④ 李俊江、范思琦:《中小企业自主创新与风险投资的关系——美国小企业的经验与启示》,载《吉林大学社会科学学报》,2010年第5期,第62-69页。

的行为选择,明确提出技术创新企业的实力是双方合作的决定性因素。[①] 邓俊荣等利用 1994—2008 年中国风险投资额、R&D 研发经费支出和专利申请量作为指标建立实证模型,进行二元线性回归分析,并得出如下结论:研究期间国内技术创新大部分归功于 R&D 投入,风险投资推动技术创新作用甚微,中国风险投资对高新技术企业提供的支持远小于发达国家。[②] 司颖洁等以中国高技术产业 2005—2014 年数据为样本,运用 DEA 模型考察风险投资对技术创新的作用,结论是风险投资相对于 R&D 来说对技术创新效率的影响更大。[③] 隋振婵等认为,风险投资活动有助于推动技术创新,但单纯依靠市场机制作用,风险投资的正外部性会使得投资的对象、区域、阶段等无法实现帕累托最优,政府应审时度势对风险投资市场进行必要、积极、有效的干预。[④]

近年来,国内学界对相对剩余价值、技术创新与资本市场进行了积极的、富有成效的探究,提出了许多有价值的见解。就相对剩余价值与技术创新的关系来说,绝大多数学者提出社会主义市场经济应重视采用相对剩余价值生产方法,通过知识创新、技术进步推动企业发展和经济增长。有的学者认为,技术创新与组织变革可谓资本扩张增殖的车之双轮、鸟之双翼,相对剩余价值理论的主线就是资本家通过改进技术、分工协作、优化管理等方式,提高劳动生产率,相对延长工人的劳动时间,从而最大限度攫取剩余价值。关于相对剩余价值创造主体不仅包括生产一线的工人更应包括相关科技管理人员的

---

① 姚丰桥、陈通:《技术创新企业与风险投资的演化博弈分析》,载《中国科技论坛》,2010 年第 11 期,第 35 - 40 页。

② 邓俊荣、龙蓉蓉:《中国风险投资对技术创新作用的实证研究》,载《技术经济与管理研究》,2013 年第 6 期,第 46 - 52 页。

③ 司颖洁、李姚矿:《风险投资对高技术产业技术创新的作用研究——基于 DEA 模型的实证分析》,载《科技管理研究》,2017 年第 12 期,第 167 - 171 页。

④ 隋振婵、金春红:《风险投资市场发展中政府干预形式的比较分析》,载《党政干部学刊》,2012 年第 9 期,第 56 - 62 页。

观点,既坚持了马克思相对剩余价值理论的基本原理,又结合科技进步和社会发展的实际予以丰富发展,做出了新的判断和概括。就中小微企业融资困境与资本市场关系而言,学界普遍认同大力发展多层次资本市场尤其是加快中小板、创业板、新三板建设,是破解我国中小微企业融资困境、推动企业技术创新乃至产业结构、经济结构优化升级的重要途径。有学者提出,资本市场不仅能有效缓解中小微企业融资难状况,为企业"供血输氧";更有助于完善企业的治理结构、经营管理、激励机制等,为企业创新发展提供全方位的资源与环境支持。就企业技术创新与风险投资关系而言,国内学界在理论研究的基础上更加注重实证分析,通过建立数理模型、开展定量研究,以期使理论观点具有坚实有力的数据支撑。一些学者开始尝试并日益积极地运用线性回归模型,量化分析风险投资对技术创新的影响,这对深化理论研究具有非常积极的意义,但目前更多地从以创新产出为因变量与以资本投入等为自变量的直线性关系予以考虑,得出的结论往往差别较大甚至大相径庭。这一过程一方面反映出,撷取不同机构在不同时期、不同范围的统计数据作为研究对象往往导致迥然不同的结论;另一方面说明,企业技术创新是一项复杂的系统工程,具有整体性、集合性、相关性等鲜明特征,总是受到企业内部和外部多种因素的制约,因而难以确定具体的投入产出关系。有的学者另辟蹊径,着力探究风险投资对创新效率的影响,为进一步深化相关研究提供了新的视角。还有的学者提出,风险投资是一种新的合约方式、新的组织方式,买卖双方以创业共同体的形式存在,在合约范围内共担技术创新风险,当技术成果得以实现时依照约定分享收益。从相对剩余价值理论视域审读,该观点实质上将风险投资视为推动企业技术创新、深度契合企业追逐超额剩余价值的组织方式和实现机制,无异于将马克思曾赞誉有加的分工协作从企业内部延伸至外,从优化企业资源扩展为利用市场资源、社会资源。不仅如此,风险投资的组织方式还顺应了单个企业实现超额剩余价值,进展为该行业普遍获得相对剩余价值,直至整个国家经济结构优化升级、实现创新驱动发展的逻辑理路和发展趋向。

二、国外研究现状与评析

(一)关于资本市场与技术创新关系的研究

Hicks(1969)率先提出,金融革命是产业革命的必要前提,新技术诞生不足以催生产业革命,新技术的持续研发及其广泛应用需要接连不断、大规模投资,这种投资离不开恰当的金融安排。他还予以详细例证,工业革命之所以发端于英国,正是因为 18 世纪早期英国金融市场已有较快发展,股票、债券等金融工具将流动性的金融证券转化为长期资本投资,从而为新技术应用提供了密集资本支持,有力地推动了工业革命兴起。[①] Saint-Paul(1992)强调资本市场对于分散企业技术投入风险的重要功能,认为资本市场的发达程度对企业选择技术创新层次具有显著影响。当资本市场欠发达时,企业出于短期利益考量,自然会偏向对短平快、风险小的技术项目投入,这样就在低端技术投资领域形成均衡,制约技术创新向更高层次发展;当资本市场较发达时,能有效分散企业技术创新与应用的风险,企业也会倾向于选择风险值较高、更具创新性、潜在收益更大的技术项目,从而推动高端技术投资领域形成均衡。[②] Allen(1993)通过建立理论模型,论证美国金融体系有利于新技术、新产业发展,并且美国股票市场对技术创新的支持大大优于银行体系,因为股票投资者"用脚投票",能够较好地反映社会公众的判断力,而银行融资只能倚赖少数银行家和贷款审批者的态度及专业水准。[③] Perez(2002)指出,尽管

---

① Hicks J. *A Theory of Economic History*. Oxford: Glarendon Press, 1969.

② Saint-Paul, G. *Technological Choice，Financial Markets，and Economic Development*. European Economic Review, 1992, 36(4)：763－781.

③ Allen F. *Stock Markets and Resource Allocation* [A]. C Mayer, X Vives. *Capital Markets and Financial Intermediation*[C]. Cambridge University Press, 1993.

现代创新理论之父熊彼特的后继者可能承认重大创新的扩散必定是个投资问题,新技术若无金融燃料无法成为推动经济的引擎,却一直忽略金融与技术之间的关系。而她的研究聚焦技术革命与金融资本的关系,侧重于金融资本在"技术—经济"范式变革中的作用。她认为,金融资本起先支持了技术革命的发展,继而加剧了可能引发冲突的技术—经济领域和社会—制度领域之间的互不协调。当上述两个领域之间的协调建立起来时,金融资本又成为展开期的推动力;当一场技术革命行将结束,它又有助于催生下一场革命。[①] Brown、Fazzari 和 Petersen(2009)采用高科技企业的动态 R&D 模型,对 1990 年—2004 年美国七个高科技产业的 1 347 家上市公司进行实证研究,结果显示:在美国,年轻的高科技上市公司的研发投资几乎全部来自内部或外部的股权融资,发行股票是其最后的资金来源。股权融资作为一种极为重要的融资手段,促进了美国高科技产业的繁荣,也刺激了美国经济的增长。[②]

(二) 关于风险投资对企业技术创新作用的研究

Kortum 和 Lerner(2000)以美国 1965 年—1992 年间 20 个产业数据为样本,选取专利申请量、研发支出、风险资本投资额度为变量,采用专利产出函数进行多次不同的回归分析,并将结果平均起来,结论是风险投资对专利申请有促进作用,其效应是 R&D 投入的 3.1 倍。[③] Hellmann and Puri(2000)以美国硅谷 173 家新成立的高科技公司(包括风险投资公司和非风险投资公司)为样本,综合公司初始产品市场策略、后续融资模式、公司将其产品推向市场花费的时间等

---

① Perez C. *Technological Revolution and Financial Capital: The Dynamics of Bubbles and Golden Ages*. Cheltenham: Edward Elagar, 2002.

② Brown, James R., Steven M. Fazzari, and Bruce C. Petersen. *Financing Innovation and Growth: Cash Flow, External Equity, and the 1990s R&D Boom*. The Journal of Finance, 2009, 64(1): 151-185.

③ Kortum S, Lerner J. *Assessing the Contribution of Venture Capital to Innovation*. Rand Journal of Economics, 2000, 31(4): 674-692.

方面的数据,运用 Cox 比例风险模型(Cox Proportional Hazard Model)和 Probit 模型(Probit Model)分析后发现,创新型公司比模仿型公司更容易也更快地获得了风险投资,有风险投资参与的公司特别是创新型公司将产品推向市场的速度更快且更容易上市发行股票。他们进而指出,风险资本不但为企业创新提供"货币形式"的资本,也为企业管理决策带来不可或缺的"知识资本"[①]。Ueda 和 Hirukawa(2003)指出专利作为创新指标的弊端,首次采用全要素生产率(TFP)衡量技术创新,通过对 1968 年—2001 年美国制造业数据的面板自回归分析和产业时间序列分析,使用 Granger 检验,结果发现全要素生产率的增长对随后的风险投资有明显促进作用,而风险投资增长却没有引起全要素生产率的提高。这个结论还因行业而异,技术创新和风险投资在计算机行业、通信行业呈正相关的关系,在医疗行业却是负相关的。[②] Keuschnigg(2004)从一般均衡角度进行研究,认为富有经验的风险投资家为创业者提供风险资本、管理服务等,创业者负责提供关键技术,二者之间建立一种合约关系,能够大大提高创业成功率和均衡状态下的技术创新率。[③]

(三)关于从金融投机史视角看待技术创新的研究

熊彼特认为,在新技术或新产业出现之初,社会上极易发生投机狂热,人们容易高估技术创新所蕴含的收益,从而一拥而上、过度投资。James Buchan(1997)一针见血地指出,投机者的愿景毁于他们靠不住的时间观念,"股市中的大多头试图把未来浓缩成短短几天,

---

① Hellmann T, Puri M. *The Interaction between Product Market and Financing Strategy: The Role of Venture Capital*. Review of Financial Studies, 2000, 13(4): 959-984.

② Ueda M, Hirukawa M. *Venture Capital and Productivity*. Working Paper, University of Wisconsin, 2003.

③ Keuschnigg C. *Venture Capital Backed Growth*. Journal of Economic Growth, 2004, 9 (2): 239-261.

把漫长的历史进程打折,把整个未来折成现值收割"①。Edward
Chancellor(1999)生动而透彻地记述了 17 世纪以来的金融投机史,
从荷兰的郁金香狂热到日本股市的疯狂,从南海泡沫到 20 世纪 90
年代美国大牛市,"发明和新奇的东西总是让投机者兴奋不已。17
世纪 90 年代的潜水设备、消防车和防盗警铃,1720 年的机枪和'永动
轮',这些都是投机者热衷于科技进步的早期例证。不过,直到工业
革命以前,能够吸引投机者关注的创新要么用途有限,要么就是狂热
期间匆匆抛出的骗局。然而从 18 世纪末期开始,交通和通信领域出
现了很多真正的创新,对社会产生了非常深远的影响。首先是运河,
接着是铁路、汽车、无线电、飞机、电脑以及最近的互联网。投机者对
这些创新给予了热情关注,而且对它们的成功做出了巨大贡献"②。
Perez(2002)指出,在技术革命的狂热阶段,"人们开始探索由技术革
命开辟的所有可能的道路。为了创造新市场和重振旧产业,通过大
量多种多样的试错性投资,人们充分挖掘了正在扩散的新范式的潜
力,同时它也在整个经济和投资者的思维地图中牢牢扎下了根。因
而,生产率的爆炸性增长影响到越来越多的活动,引发了生产领域中
的重构过程,在这里新的或得到更新的活动繁荣起来,而旧的却是枯
萎凋零。……大量多余的资金倾注到技术革命的深化进程中去,尤
其是其基础设施(运河热、铁路热、互联网热),这常常导致无法达到
预期的过度投资"③。伴随一些金融人才的股市资产呈几何级增长,
钱生钱的造富神话激发愈演愈烈的投机狂热,越来越多的人蜂拥而
至、投身其中,金融泡沫日益膨胀、难以遏抑并最终迸裂。

---

① James Buchan. *Frozen Desire: An Inquiry into the Meaning of Money*. London:
Picador, 1997.

② [英]爱德华·钱塞勒:《金融投机史》,姜文波译,机械工业出版社,2013 年版,第 110
页。

③ [英]卡萝塔·佩蕾丝:《技术革命与金融资本:泡沫与黄金时代的动力学》,田方萌等译,
中国人民大学出版社,2007 年版,第 58 页。

　　可见,国外学者普遍认同资本市场推动与支撑技术创新的重要功能。技术研发的试错纠错、成熟适用直至应用于生产过程均离不开持续有力的资本投入,资本市场作为各类资本融通、汇聚的主要场所之一,提供了由投资者直接承担技术创新和企业发展风险的市场化融资途径。投资者热衷发掘和追踪技术创新潜在的丰厚收益,从而有效分散企业技术投入风险,激发企业开展技术创新、攀登行业高峰的动力和活力。有的学者运用规范精确的数学方法,建立理论模型,进行实证研究,论证了美国资本市场对于推动高科技产业繁荣发展的巨大作用,并强调资本市场支持技术创新的实际效用远超银行体系。有学者认为资本市场助力技术革命之际,必将引发技术—经济与社会—制度之间的不协调,当这种失谐和冲突在更高层次上逐步得以化解,资本市场又将推动接踵而来的新一轮技术革命。就风险投资对企业技术创新的作用而言,许多学者认为风险投资比传统融资方式更有效,风险投资内在契合技术创新的特点和需要,有助于提升技术创新的产出效率,受风险投资支持的企业获得的专利量远超没有风险资本支持的企业,风险投资对专利创新的促进作用大大优于研究开发投入。他们采用欧美发达国家的大量经验数据,从专利申请指标、全要素生产率、一般均衡分析等多重视角进行实证分析,尽管有些具体结论存有差异,但这些研究总体来说是富有成效的,并为上述观点提供了有力支撑。然而,基于发达国家数据的实证分析结果是否完全匹配发展中国家技术创新活动的实际状况?R&D投入对专利创新的促进作用是否在技术创新各阶段均弱于风险投资? 照搬照套发达国家技术创新政策是否会带来潜在风险甚至造成损害?不同的国情、不同经济发展阶段对技术创新融资方式的侧重和依托有很大差异,这要求我们因时因势做出具体分析,既要注重吸收借鉴发达国家已有的实证研究成果,又要在新时代建设社会主义现代化经济体系的战略视野中,以实现高质量发展为目标导向,深入探究风险投资、R&D投入等在企业技术创新活动中的作用机理及实施成效，真正使创新成为推动经济增长的第一动力。还有一些国外学者从金融投机史的视角研究技术创新，认为金融投机与技术创新相伴相生，广大投资者对技术创新的关注、追逐直至狂热，在金融领域展现得淋漓尽致。从一定意义上说，整部金融投机史记述的就是一个又一个疯狂追求财富、形成羊群效应直至金融泡沫最终破灭的事件，尽管造成了诸多破坏性的后果，还是在客观上促进资本市场风险定价功能和直接融资功能的实现，大大推动了技术创新进程和产业结构优化升级。推进新时代我国资本市场改革发展，必须从系统和全局视角优化资本市场监管机制，坚持抑泡沫、去杠杆、防风险的政策导向，坚决防控系统性金融风险和保护投资者合法权益，不断促进资本市场与技术创新、实体经济良性互动。

第三节　创新之处

回归马克思创立和阐释相对剩余价值理论的原初语境，攫取超额剩余价值、最大限度实现资本扩张增殖是资本家热衷采用先进技术的内在驱力，日益激化的劳资矛盾和阶级斗争状况在理论层面集中呈现，从而为无产阶级革命高高擎起理论旗帜。在马克思及其后继者那里，相对剩余价值生产主要作为资本家剥削工人更隐蔽、更残酷的手段，对追逐与实现技术创新的理论内涵挖掘、彰显、运用尚不充分，仍处在被"遮蔽"的状态。须臾不懈推进技术创新及其应用，既是相对剩余价值理论的潜在理路，也是微观主体参与市场经济运行的一般规律。创新往往意味着对旧模式旧业态的颠覆与重构，企业开展技术创新活动投资量大、时间跨度长、风险指数高，离不开持续有力的融资支撑。马克思高度关注当时蓬勃兴盛的新的资本组织形式——股份制，系统探讨了信用制度、股份公司、虚拟资本等重要问题，深刻揭示资本市场作为股份经济发展的高级形态，通过价值发现功能和风险定价机制,连接投融资需求,高效筛选评价技术创新,为孵化和推广引领未来发展潮流的新技术优化配置金融资源。相对剩余价值理论深刻揭示了物的依赖性社会的一般规律,社会主义市场经济仍然是相对剩余价值理论的存在场域。在推进新时代中国特色社会主义伟大事业的进程中,必须牢牢把握社会主义初级阶段这个基本国情,更好地发挥社会主义制度的优越性,更加自觉地运用和发展相对剩余价值理论,不断深化对社会主义市场经济内在要求、发展规律和运行特点的认识,进一步完善以资本市场为战略依托、技术创新与金融资本互动互促的经济运行机制,增强利用和驾驭资本逻辑的能力,更好地发挥资本市场对全面提升自主创新能力的支撑作用,通过持续提升技术创新水平和资源配置效率推动经济高质量发展。

一、解蔽追逐与实现技术创新的理论内涵

从认识论来讲,遮蔽反映主体对客体某种不真实的认识关系。本研究所称"遮蔽",是指马克思未予以明示、蕴藏于相对剩余价值理论之中的内容。相对剩余价值理论博大精深、内涵丰富,由于早期追随者在解读时失之全面准确,而诸多后继者并未紧扣马克思文本本身,对早期追随者已有论说承继有余、批判不足,没有真正做到与马克思对话,在阐释之路上渐行渐远,相对剩余价值理论的遮蔽愈加难以祛除。正因如此,对相对剩余价值理论的阐释一直停留在资本家攫取剩余价值的手段上,没有彰显蕴含其中的追逐与实现技术创新的隐意。个别资本家热衷于引进先进适用技术,旨在提高个别劳动生产率,获得超额剩余价值。随着此项技术在该生产部门普及开来,劳动生产率普遍提高,继而实现相对剩余价值。马克思创立相对剩余价值理论伊始,文本之中并没有专门就追逐与实现技术创新展开系统阐述,始终处于"犹抱琵琶半遮面"的状态。本研究的首要任务就是解蔽和澄明,通过系统梳理古典马克思主义特别是马克思本人对相对剩余价值理论的诠释,使被遮蔽的内容逐渐显现出来。进而证明,相对剩余价值理论不仅仅揭露了资本家攫取剩余价值更为灵巧的方式,更深刻洞明技术创新的内在驱力与实现机制。

在马克思看来,"资产阶级在它的不到一百年的阶级统治中所创造的生产力,比过去一切世代创造的全部生产力还要多,还要大"①,正是缘于新技术的发明创造和机器的广泛使用,而这种创新与变革的根源在于资本逐利本性和市场竞争机制。资本逻辑就是资本在运动中无休止地追求价值增殖,社会需要、市场需求就是资本逻辑的扩张指向,这实际构成了市场经济的内在运行机制。马克思强调,赋予生产以科学的性质是资本乐此不疲的追求,科学本身成为致富的手段,发明因而变成一种专门的职业,科学、技术和生产相互依赖、相互促进,统统被纳入资本逻辑的扩张中,其规模超越了过去一切时代的想象。为实现资本增殖扩张,资本家必然积极采用新机器、新技术、新的生产组织方式,最大限度缩短商品生产的个别劳动时间,从而取得相对于其他资本家的竞争优势和超额剩余价值。随着科学技术加速度发展,新行业、新产品层出不穷,产品更新换代周期越来越短,仅靠被动适应、跟踪模仿难以契合日新月异的市场需求,唯有持续开展技术创新才能引领市场甚至创造需求,才能获得其他竞争者一时难以企及的超额剩余价值。风险是创新的副产品,创新本身就是一种高风险的行为。资本市场通过评估技术创新价值、增加资本有效供给、优化金融资源配置,分散和降低创新风险,堪称最有效率的直接融资平台乃至整个市场经济运行最具活力的环节。在马克思所处时代,股份制和资本市场开始勃兴,在经济社会生活担负日益重要的角色,迅速跃居资本主义经济体系中枢地位。马克思密切关注资本主义生产关系调整中出现的这个极为重要的经济现象,不仅深入考察了股份制和资本市场历史沿革、对社会生产关系的影响,还从"由资

---

① 《马克思恩格斯选集:第1卷》,人民出版社,1995年版,第277页。

本主义生产方式转化为联合的生产方式的过渡形式"[1]、"作为最完善的形式(导向共产主义的)"[2]的恢宏视域,揭示了股份制对社会历史发展的非凡价值;他不仅尖锐批判当时证券交易领域欺诈与掠夺丛生的弊端,也深刻阐明了股份制和资本市场在更为广阔的领域推动和支撑技术创新的重大意义。

二、探究资本市场筛选评价技术创新规律

马克思认为,股份资本的出现,顺应了社会化大生产和科技进步的客观要求。19 世纪中叶,以蒸汽机、纺纱机为主要标志的机器大工业迅猛发展,企业生产规模惊人地扩大了,资本有机构成大大提高,个别资本有限性与生产规模扩张、新技术新产业成长之间的矛盾日益凸显。马克思指出:"积累,即由圆形运动变为螺旋形运动的再生产所引起的资本的逐渐增大,同仅仅要求改变社会资本各组成部分的量的组合的集中比较起来,是一个极缓慢的过程。"[3]仅靠单个资本滚动发展的资本积聚方式远不能满足资本积累要求,资本集中作为资本积累的另一种重要方式,开始走向前台、担负重任,通过汇聚不同来源的资本,迅速实现巨大的资本规模,广泛用于修建铁路、开凿运河、建造船舶等大规模工程。恩格斯对此深以为然,"交易所朝着集中的方向改变分配,大大加速资本的积聚,因此这是像蒸汽机那样的革命的因素"[4],"交易所正在把所有完全闲置或半闲置的资本动员起来,把它们吸引过去,迅速集中到少数人手中;通过这种办法提供给工业支配的这些资本,导致了工业的振兴(绝不应把这种振兴和商业繁荣混为一谈)"[5]。在马克思看来,资本集中既是技术创新和资本有机构成提高的结果,反过来也对技术创新产生极大的促

---

[1] 《马克思恩格斯全集:第 46 卷》,人民出版社,2003 年版,第 499 页。
[2] 《马克思恩格斯文集:第 10 卷》,人民出版社,2009 年版,第 157 页。
[3] 《马克思恩格斯文集:第 5 卷》,人民出版社,2009 年版,第 724 页。
[4] 《马克思恩格斯文集:第 10 卷》,人民出版社,2009 年版,第 497 页。
[5] 《马克思恩格斯全集:第 35 卷》,人民出版社,1971 年版,第 450 页。

进作用,二者是相辅相成、有机统一的关系。他强调,"单个的货币占有者或商品占有者要蛹化为资本家而必须握有的最低限度价值额,在资本主义生产的不同发展阶段上是不同的,而在一定的发展阶段上,在不同的生产部门内,也由于它们的特殊的技术条件而各不相同。还在资本主义初期,某些生产部门所需要的最低限额的资本就不是在单个人手中所能找到的"①。为适应资本主义扩大再生产的要求,随着工场手工业向机器大工业过渡,现代股份公司迅速发展起来,"一个独立的工业企业为了进行卓有成效的生产所必需的资本的最低限额,随着生产力的提高而提高,这种情况在竞争中表现为:只要新的较贵的生产设备普遍得到采用,较小的资本在将来就会被排除在这种生产之外"②。其一,当经济发展到一定水平,市场机制进一步完善,资本市场加快汇聚闲置资本,有效克服资本积聚有限性的缺陷,成为推动技术进步和经济发展的有力杠杆;其二,不同生产部门的技术水平对应不同程度的融资需求,引领行业发展的前沿技术通常对融资的规模和效率要求更高,资本市场通过择优筛选和价格发现,为技术创新提供有力有效的融资供给。有鉴于此,美国经济学家谢勒声称,"马克思不同于19世纪中期其他的经济学家,他察觉到资本主义基本的天才在于它能够把资本积累和不断的技术创新结合起来"③。

大力支持企业技术创新,从金融体系安排的视角就是要建设一个能够担负与技术创新相伴而生的风险、对技术创新进行估值和定价、使技术创新的成功者获得相应收益的资本市场。换言之,完善的资本市场之所以能够成为技术创新的强劲引擎,关键在于其功能高

---

① 《马克思恩格斯文集:第5卷》,人民出版社,2009年版,第358页。
② 《马克思恩格斯文集:第7卷》,人民出版社,2009年版,第292页。
③ [美]F. M. 谢勒:《技术创新——经济增长的原动力》,姚贤涛等译,新华出版社,2001年版,第24页。

度契合技术创新特点,也就是资本市场筛选评价技术创新的规律在发挥作用。无论是机构还是个人、无论是内资还是外资,进入资本市场的目的就是为了赚钱,追求收益最大化,自然会竞相追捧蕴含丰富潜力的新蓝海。由于新产业新技术新业态刚刚被垦殖出来,发展前景广阔,预期利润丰厚,在资本市场上极易受到各方青睐,有利于企业融集长期资金,增强企业技术创新能力,使技术创新活动以更大规模进行。资本市场具有风险定价功能和资源配置功能,由于市场上存在大量投资者,只要流动性具备,技术创新企业或项目的价值总能被发现。因此,资本市场能高效甄别和处理技术创新企业或项目信息。资本市场正是通过"无形的手"筛选和发现那些真正富有价值、能够引领行业发展的前沿技术,优胜劣汰,大浪淘沙,使经得起市场检验的好企业好项目脱颖而出,充分展现市场竞争力,带来高额投资回报,从而形成投融资良性互动。这种筛选机制即便不尽完美却是卓有成效的,被淘汰出局的企业或项目可以通过并购重组或退市等方式被市场消化。不仅如此,资本市场有助于优化企业治理结构和激励机制,促进企业改善经营管理,通过资本市场的约束力保证企业管理者实施技术创新的动力。需要强调的是,资本市场深层次的功能在于厚植创新沃土、弘扬创新文化、激发创新潜力,激励企业家、工程师等技术创新活动的组织者和实施者探索试错,真正使创新创造蔚然成风。

三、呈现相对剩余价值理论当代在场样态

马克思明确指出:"一般剩余劳动,作为超过一定的需要量的劳动,必须始终存在。"①剩余劳动是人类社会存在与发展的根基。既然剩余劳动不过是超过必要劳动时间的界限而延长的劳动,剩余价值又是剩余劳动的凝结,那么剩余价值范畴就不应被视为资本主义

---

① 《马克思恩格斯全集:第25卷》,人民出版社,1974年版,第925页。

社会的专有名词,而必然具有一般属性。在《1857—1858 年经济学手稿》中,马克思提出社会发展三大阶段的论断:"人的依赖关系(起初完全是自然发生的),是最初的社会形态,在这种形态下,人的生产能力只是在狭窄的范围内和孤立的地点上发展着。以物的依赖性为基础的人的独立性,是第二大形态,在这种形态下,才形成普遍的社会物质变换,全面的关系,多方面的需求以及全面的能力的体系。建立在个人全面发展和他们共同的社会生产能力成为他们的社会财富这一基础上的自由个性,是第三个阶段。"①人的自由全面发展是对"人的依赖关系"和"以物的依赖性为基础的人的独立性"的根本超越和积极扬弃,是全人类解放的真正实现,以市场经济为基础的第二阶段就是要为以产品经济为基础的第三阶段创造条件。马克思在资本主义场域中阐释相对剩余价值理论时,指出技术创新的动力源于资本家追求超额剩余价值的内在动机、资本主义竞争规律的强制压力以及满足不断变化的市场需求。撇开制度因素,马克思的论述揭示了物的依赖性社会的一般规律,对社会主义市场经济具有十分重要的指导意义和现实启迪,技术创新仍是获得相对剩余价值、提高劳动生产率、推动社会生产力发展的重要途径。正如恩格斯在谈论"竞争"范畴时所说,"它正是市场的规律、交换的调料、劳动的食盐"②。在社会主义市场经济中,我们无须讳言剩余价值,而应深刻认识相对剩余价值存在的必然性和必要性,从而进一步丰富和发展马克思相对剩余价值理论。

从世界历次技术革命来看,资本市场对技术创新始终发挥着中流砥柱的作用,"从蒸汽机和铁路时代的公司股份制,到钢铁、石化、汽车为代表的重工业时代的投资银行和制度化的金融资本融资,再到信息和远程通讯技术时代的风险资本和金融衍生工具的涌现,引

---

① 《马克思恩格斯全集:第 46 卷(上)》,人民出版社,1979 年版,第 104 页。
② 《马克思恩格斯全集:第 44 卷》,人民出版社,1982 年版,第 168 页。

领技术创新及其产业化发展的无一不是借助资本市场这个核心载体的,并且,每次技术革命的更替也是借力于资本市场的创新"①。中国资本市场发展与经济体制转轨紧密相连,实质就是在坚持社会主义基本制度的前提下强化市场机制在经济活动中的作用,通过价格杠杆和竞争机制,优化社会资源配置,增强全社会发展活力。自1990年上海证券交易所、深圳证券交易所设立以来,中国资本市场20多年栉风沐雨、砥砺前行,持续促进各类生产要素充分流动、迸发活力,努力使社会创富源泉充分涌流,对于推动技术进步、释放创新动能、优化经济结构乃至我国经济快速腾飞、跃居世界第二大经济体可谓功绩卓著。但也要清醒看到,较之国外成熟市场数百年发展历程,我国资本市场起步较晚,"新兴加转轨"仍是阶段性显著特征,还存在市场的包容度和覆盖面不够、风险投资体系尚不健全、法治和诚信建设需进一步加强等亟待解决的问题。我国资本市场与高新技术企业未能充分有效对接,资源配置效率还不高,在一定程度上制约了服务技术创新功能的发挥。近年来,我国单位劳动产出(劳动生产率)增速远超世界平均水平和其他主要经济体,但实际水平仍较低,特别是研发投入的强度和效益有待提高,加上一些国家采取战略性技术贸易壁垒,科技创新领域竞争愈发激烈。我国经济要实现高质量发展,必须靠创新驱动,着力提升全要素生产率,真正使创新成为引领经济发展的第一动力。实现创新驱动的最佳平台、最优途径就是资本市场,打造完善高效的多层次资本市场是确保我国经济转型成功的关键因素,通过促进资本市场与科技资源有效对接互动,深化资本与科技融合,加快形成以创新为主要引领和支撑的经济体系与发展模式,释放更强增长动力,实现更佳质量效益。

---

① 殷德生:《资本市场应成为创新驱动的核心载体》,载《文汇报》,2014年9月23日。

第二章

古典马克思主义对相对剩余价值研究的脉络

马克思和恩格斯是马克思主义创始人,这两位伟大导师的思想就是"古典马克思主义",马克思主义谱系内各家各派的思想均源于古典马克思主义。要准确把握相对剩余价值理论的思想脉络和逻辑理路,必须复归古典马克思主义,就是要追根溯源、走进文本,深入探究马克思本人及其亲密战友恩格斯对相对剩余价值理论的阐释与延伸。《遮蔽与在场——马克思相对剩余价值理论研究》首次以马克思经典文本为据,将相对剩余价值理论发展过程大致划分为孕育、萌芽、创立、拓展四个时期。其中:孕育期的理论著述主要包括《博士论文》《莱茵报》和《德法年鉴》时期的文章,《1844年经济学哲学手稿》等;萌芽期的开启以唯物史观的形成为主要标志,具体包括《关于费尔巴哈的提纲》《德意志意识形态》《哲学的贫困》《雇佣劳动与资本》《共产党宣言》等;创立期以《资本论》四卷及有关手稿为代表性著作;拓展期主要包括

《哥达纲领批判》、马克思晚年笔记等内容。[①] 本章紧扣追逐与实现技术创新这个主题,不求覆盖每个环节单元,重点撷取具有里程碑意义的经典著作予以深度探讨,主要内容包括马克思青年时期[②]思想探索、《资本论》及其手稿系统论述、"第二小提琴手"继承与阐发。

第一节 马克思青年时期思想探索

马克思在《资本论》及有关手稿中创立并系统阐释相对剩余价值理论,追寻《资本论》之前马克思的思想探索,旨在呈现相对剩余价值理论的研究范式和必要积淀。马克思在青年时期的思想观点几经转变、逐步走向成熟,确立了科学的实践观和唯物史观,为探究剩余价值的来源、相对剩余价值的生产条件和作用机制,深入剖析资本主义生产过程直至最终消灭私有制、实现共产主义提供了科学的立场、观点和方法。

一、《1844 年经济学哲学手稿》之理论积淀

《1844 年经济学哲学手稿》是马克思于 1844 年 4 月—8 月撰写的一部尚未完成的手稿,主要由三个笔记本组成,与《詹姆斯·穆勒〈政治经济学原理〉一书摘要》统称为"巴黎笔记"。这是马克思在巴黎居住期间悉心研究政治经济学学说史的基础上,首次从生产劳动实践的观点阐述经济学问题。尽管《手稿》仍有明显的费尔巴哈人本主义痕迹,两种截然相反的逻辑并存,"以抽象的人的本质为出发点的思辨逻辑,和以现实的经济事实为出发点的科学逻辑",而"历史唯物主义只有在后一种逻辑的基础上才能逐渐产生出来"[③]。《手稿》

---

① 朱斌:《遮蔽与在场——马克思相对剩余价值理论研究》,南京大学出版社,2016 年版。

② 关于马克思青年时期,本研究界定为从 1841 年 3 月底《博士论文》完稿(马克思生前没有发表),到 1848 年 2 月《共产党宣言》发表期间。马克思更多的是进行哲学层面的研究和探索,逐步确立了辩证唯物主义和历史唯物主义并运用于政治经济学研究,相对剩余价值理论尚处在孕育和萌芽状态,这个时期是不可或缺的,也是无法逾越的。

③ 孙伯鍨:《探索者道路的探索——青年马克思恩格斯哲学思想研究》,南京大学出版社,2002 年版,第 157 - 193 页。

之于相对剩余价值理论的首要意义,就在于立足生产劳动实践的"后一种逻辑"。

在《手稿》中,马克思采取从批判到建构的研究方法,即分析批判以往政治经济学家使用的概念,继而提出自己的异化劳动概念以及其他一系列概念。马克思说:"我们是从国民经济学的各个前提出发的。我们采用了它的语言和它的规律。我们把私有财产,把劳动、资本、土地的互相分离,工资、资本利润、地租的互相分离以及分工、竞争、交换价值概念等当作前提。我们从国民经济学本身出发,用它自己的话指出,工人降低为商品,而且是最贱的商品;工人的贫困同他的产品的力量和数量成正比;竞争的必然结果是资本在少数人手中积累起来,也就是垄断的更可怕的恢复;最后,资本家和靠地租生活的人之间、农民和工人之间的区别消失了,而整个社会必然分化为两个阶级,即有产者阶级和没有财产的工人阶级。"①马克思深刻阐述了他对资本的理解:"资本是对劳动及其产品的支配权。资本家拥有这种权力并不是由于他的个人的或人的特性,而只是由于他是资本的所有者。他的权力就是他的资本的那种不可抗拒的购买的权力……资本就是积累的劳动。"②马克思明确指出,"各个资本之间的竞争扩大各个资本的积累。在私有制的统治下,积累就是资本在少数人手中的积聚,只要听任资本的自然趋向,积累一般来说是一种必然的结果;而资本的这种自然使命恰恰是通过竞争来为自己开辟自由的道路的"③。在马克思看来,私有财产不过是异化劳动的外在表现形式而已,共产主义就是对私有财产的积极扬弃、对人的社会存在的复归。

马克思深刻指出,在资本主义社会中,劳动的实现"表现为工人

---

① 《马克思恩格斯全集:第42卷》,人民出版社,1979年版,第89页。
② 《马克思恩格斯全集:第42卷》,人民出版社,1979年版,第62页。
③ 《马克思恩格斯全集:第42卷》,人民出版社,1979年版,第67页。

的失去现实性,对象化表现为对象的丧失和被对象奴役,占有表现为异化、外化"①。马克思系统阐述了异化劳动的四层含义。第一,工人与自己的劳动产品相异化。工人生产的产品越多,作为异己的力量就越大,工人受资本家的奴役就越深重。这就导致令人震惊的两个极端,"劳动为富人生产了奇迹般的东西,但是为工人生产了赤贫。劳动创造了宫殿,但是给工人创造了贫民窟。劳动创造了美,但是使工人变成畸形。劳动用机器代替了手工业劳动,但是使一部分工人回到野蛮的劳动,并使另一部分工人变成机器。劳动生产了智慧,但是给工人生产了愚钝和痴呆"②。第二,劳动过程的异化。在资本主义条件下,劳动过程并不彰显人之为人的本质,不是肯定的、自由的,反而是否定的、压抑的。第三,人与人的类本质相异化。人的类本质突出表现为人是有生命的类、自由的存在物,然而这种有意识的生命活动却被现实中养家糊口的谋生手段掩盖和消解。第四,人与人相异化。"人同自己的劳动产品、自己的生命活动、自己的类本质相异化这一事实所造成的直接结果就是人同人相异化。当人同自身相对立的时候,他也同他人相对立。凡是适用于人同自己的劳动、自己的劳动产品和自身的关系的东西,也都适用于人同他人、同他人的劳动和劳动对象的关系。"③异化劳动理论的提出与阐释,是马克思全面超越以往政治经济学研究成果的重要里程碑,是无产阶级政治经济学形成过程中的阶段性成果。

在《手稿》中,马克思还深入探讨了人与技术的关系问题。按照马克思的观点,人的本质就是劳动的对象化过程,即人的本质力量的对象化。无论在怎样的条件下,人的本质力量的对象化即劳动都是不可或缺的。马克思指出:"工业是自然界同人之间,因而也是自然

①　《马克思恩格斯全集:第 42 卷》,人民出版社,1979 年版,第 91 页。
②　《马克思恩格斯全集:第 42 卷》,人民出版社,1979 年版,第 93 页。
③　《马克思恩格斯全集:第 42 卷》,人民出版社,1979 年版,第 97 - 98 页。

科学同人之间的现实的历史关系。"①进入资本主义社会以后,工业就是一般意义上的技术,"人们至今还没有从它同人的本质的联系,而总是仅仅从外表的效用方面来理解,因为在异化范围内活动的人们仅仅把人的普遍存在,宗教或者具有抽象普遍本质的历史,如政治、艺术和文学等,理解为人的本质力量的现实性和人的类活动"②。技术是人的创造物,技术的本质就是人的本质力量的对象化。只不过在资本主义条件下,这种力量对象化的产物非但没有促进人本身的丰富和发展,反而以一种否定的、对立的、异己的形式呈现出来,其结果就是人被奴役、被束缚、被驱使,人变得非人。

二、《哲学的贫困》之科学路径

1847 年 7 月,马克思第一部真正意义上的政治经济学著作《哲学的贫困》(全名为:《哲学的贫困。答蒲鲁东先生的〈贫困的哲学〉》)出版。这是马克思为了批判法国小资产阶级社会主义者蒲鲁东的唯心史观及改良主义思想,全面阐述自己新的历史观和经济观,而专门撰写的一部论战性的著作。关于《哲学的贫困》在马克思主义发展史尤其是政治经济学研究中的地位和价值,马克思本人在晚年有过重要评述,"在该书中还处于萌芽状态的东西,经过二十年的研究之后,变成了理论,在'资本论'中得到了发挥"③。这些"萌芽状态的东西"蕴含着马克思对相对剩余价值问题的最初见解抑或理论形成过程中的必要沉淀,其后在《资本论》中得以确立和阐发,《哲学的贫困》可谓相对剩余价值理论的思想起点。马克思在这部著作中深刻阐述了生产力与生产关系的辩证关系尤其是生产力的决定作用,"随着新生产力的获得,人们改变自己的生产方式,随着生产方式即谋生的方式的改变,人们也就会改变自己的一切社会关系。手推磨产生的是封建主

①《马克思恩格斯全集:第 42 卷》,人民出版社,1979 年版,第 128 页。
②《马克思恩格斯全集:第 42 卷》,人民出版社,1979 年版,第 127 页。
③《马克思恩格斯全集:第 19 卷》,人民出版社,1963 年版,第 248 页。

的社会,蒸汽磨产生的是工业资本家的社会"①。他还特别强调劳动者在生产力构成要素中的主体地位和核心作用,认为劳动阶级本身就是最强大的生产力。马克思具体分析了资本主义内在矛盾的对抗性,随着阶级矛盾的日趋尖锐和激化,资本主义社会必然会被新的社会形态所取代,而工人阶级正是改造旧社会、创造新社会的根本社会力量。

在《哲学的贫困》中,马克思首次提出剩余价值问题。在蒲鲁东那里,"劳动商品"是永恒存在的,等同于生产商品的劳动、劳动创造的价值。而马克思强调"劳动商品"只是一个历史性的范畴,是与一般商品不同的特殊商品,"劳动本身就是商品"正是资本家剥削工人的秘密所在。因为,劳动创造的价值比"劳动"本身的价值要大,二者之间的差额以利润的形式为资本家所占有。尽管此时马克思尚未对劳动和劳动力予以明确区分,甚至在表述上仍以"利润"指代"剩余价值",但他已经紧紧扭住并初步揭示了剩余价值的来源问题,为剩余价值理论的创立开辟了科学的路径。

马克思还对蒲鲁东关于机器和分工的思想做出深刻评析,从唯物史观出发详尽阐述了自己的理论观点,这既是《哲学的贫困》最重要的闪光点之一,也突显了马克思相对剩余价值理论的隐性逻辑。蒲鲁东认为,每个经济范畴的出现都源于历史理性,历史理性创造一个新范畴的目的是为了消灭之前一个旧范畴的弊端,如此更替演进,形成范畴发展的完整序列和经济进化的不同阶段。在蒲鲁东的理论构架中,分工是第一个经济范畴,它具有提高劳动者熟练程度和促进社会财富增长的积极作用,"可是分工的结果却使工人处于从属地位,使智力无用武之地,使财富为害于人,使平等无从实现"②。正因为分工导致这样的不利结果,机器这个新的经济范畴应运而生。机

---

① 《马克思恩格斯选集:第 1 卷》,人民出版社,1995 年版,第 142 页。
② [法]蒲鲁东:《贫困的哲学》,余叔通、王雪华译,商务印书馆,1998 年版,第 113-114 页。

器将分工割裂的各个独立状态的劳动重新联结起来,构成一个完整的生产劳动链条,工人通过操控机器提高了工作效率、减轻了劳动强度。然而,机器应用带来的弊端也十分明显,机器逐步确立了对工人的统治,工人深陷异化状态和赤贫境地。蒲鲁东对此形象地比喻说:"一部机器和一门大炮一样,大炮除了长官之外,还需要配备一批炮手,机器也需要有一批奴隶来伺候它。"①马克思针对蒲鲁东的观点,逐次展开评析。马克思坚决批判所谓机器通过扬弃分工而诞生的论调,"劳动的组织和划分视其所拥有的工具而各有不同。手推磨所决定的分工不同于蒸汽磨所决定的分工。因此,先从一般的分工开始,以便随后从分工得出一种特殊的生产工具——机器,这简直是对历史的侮辱"②。机器与分工不是逻辑反题的关系,二者都有各自发展的规律和过程,并且是彼此作用、融合互动的。就蒲鲁东对机器利弊的有关论述而言,马克思将批判焦点主要集中在蒲鲁东的唯心史观上。马克思指出,蒲鲁东所理解的观念与现实之间,的确具有深刻的一致性,但其根源在于经济范畴演进反映现实经济关系的变动和发展,而不是经济进化应当遵照范畴更迭的要求。可见,蒲鲁东的立论基础不过是对黑格尔唯心主义的效仿和翻版而已。马克思深刻指出:"机器只是一种生产力。以应用机器为基础的现代工厂才是社会生产关系,才是经济范畴。"③可见,尽管马克思在《哲学的贫困》里并没有直接批判蒲鲁东仅从现象层面探讨机器应用的做法,但他已从唯物史观出发,将机器与机器的资本主义应用明确区别开来。

三、《雇佣劳动与资本》之初步表达

如果说马克思在《哲学的贫困》以及之前的著述中,主要以理论研究的方式探讨剩余价值有关问题,那么《雇佣劳动与资本》则是马

---

① [法]蒲鲁东:《贫困的哲学》,余叔通、王雪华译,商务印书馆,1998 年版,第 172 页。
② 《马克思恩格斯选集·第 1 卷》,人民出版社,1995 年版,第 161 页。
③ 《马克思恩格斯选集·第 1 卷》,人民出版社,1995 年版,第 161 页。

克思采取通俗易懂且富有感染力号召力的演说形式,在 1847 年底布鲁塞尔德意志工人协会上阐明自己关于剩余价值研究的理论成果,将资本家剥削工人的秘密公之于世,在广大工人群众中引起了强烈反响。恩格斯后来明确表示,《哲学的贫困》和《雇佣劳动与资本》足以证明,马克思在 19 世纪 40 年代末已经能够清晰地把握剩余价值的来源和过程。马克思指出,"劳动商品"不是一个从来就有的概念,而是伴随私有制和商品经济的发展才出现的,更准确地说,只有到了资本主义社会"劳动"才真正成为商品,"劳动商品"构成资本增殖不可或缺的条件和资本主义生产方式的重要特征。资本和雇佣劳动之间的交换关系,看似平等公正,却深藏着长期以来不为人知的奥秘,这就要求到交换背后探寻真相。雇佣劳动之所以能和资本交换,不因为别的,只在于它能够增加资本、增强奴役自己的资本权力。"工人拿自己的劳动换到生活资料,而资本家拿归他所有的生活资料换到劳动,即工人的生产活动,亦即创造力量。这种力量不仅能补偿工人所消费的东西,并且还使积累起来的劳动具有比以前更大的价值。"[1]工人劳动所得到的工资,"是资产者为了偿付劳动在一定的时间或完成一定的工作而支付的一笔货币"[2]。工资和利润成反比关系,二者此消彼长,一方之所得即另一方之所失,这深刻反映出雇佣劳动与资本的对立、无产阶级与资产阶级的对立。虽然马克思在这里仍未精准区分劳动和劳动力这两个不同概念,但总体上并未影响他对资本主义生产过程的剖析尤其是对剩余价值来源的指向和探究。恩格斯在《雇佣劳动与资本》导言中,根据马克思后来对这个问题的研究进展和科学表述,做出了极为必要的澄清,"我所做的全部修改,都归结于一点。在原稿上是,工人为取得工资向资本家出卖自

---

① 《马克思恩格斯全集:第 6 卷》,人民出版社,1961 年版,第 489 页。
② 《马克思恩格斯全集:第 6 卷》,人民出版社,1961 年版,第 475 页。

己的劳动,在现在这一版本中则是出卖自己的劳动力"①。正是这一字之差,使马克思主义的劳动价值论与古典政治经济学彻底划清了界限,剩余价值理论才有可能真正确立和科学表述。

马克思进而指出,各个资本家为了在激烈的市场竞争中立于不败之地,竭力扩大分工和改进机器以增加劳动生产力,由此形成一种常态化的竞争方式和剥削手段。对此,马克思进行了详细分析:"一个资本家只有在自己更便宜地出卖商品的情况下,才能把另一个资本家逐出战场,并占有他的资本。可是,要能够贱卖而又不破产,他就必须廉价生产,就是说,必须尽量增加劳动的生产力。而增加劳动的生产力的首要办法是更细地分工,更全面地运用和经常地改进机器。内部实行分工的工人大军愈庞大,应用机器的规模愈广大,生产费用相对地就愈迅速缩减,劳动就更有效率。因此,资本家之间就发生了各方面的竞争:他们竭力设法扩大分工和增加机器,并尽可能大规模地使用机器。"②然而,个别资本家所获得的特权和优势是十分短暂的,同样水平的分工和机器会迅速在竞争者中得到普及,大家很快又处在同一竞争水平上,新的一轮围绕分工和机器的争斗再度展开。马克思总结说:"这是一个规律,这个规律一次又一次地把资产阶级的生产甩出原先的轨道,并迫使资本加强劳动的生产力,因为它以前就加强过劳动的生产力;这个规律不让资本有片刻的停息,老是在它耳边催促说:前进!"③显然,马克思此处的分析已经对超额剩余价值产生以及相对剩余价值出现的动因、过程和本质,乃至整个资本主义社会发展的动力和趋向做出了较为清晰的阐述。从一定意义上说,在《雇佣劳动与资本》中马克思相对剩余价值理论已雏形初现、跃然纸上。

---

① 《马克思恩格斯选集:第1卷》,人民出版社,1995年版,第322页。
② 《马克思恩格斯全集:第6卷》,人民出版社,1961年版,第499页。
③ 《马克思恩格斯全集:第6卷》,人民出版社,1961年版,第501页。

第二节 《资本论》及其手稿系统论述

马克思在青年时期经过艰辛理论探索,确立了以实践观点为基石的唯物史观,他从历史发展客观规律尤其是社会进步的动力系统和历史进程出发剖析社会经济现象,对资本主义的深层本质及其固有矛盾、社会劳动的组织方式、资本主义条件下人与技术的关系等核心问题做出了积极探讨。马克思在哲学上的革命,为其系统展开政治经济学批判、深入探索相对剩余价值问题进而实现经济学领域深刻革命指引了鲜明的价值取向、价值追求和价值目标,奠定了坚实的方法论基础。本节着力考察《资本论》及有关手稿,力求清晰显现马克思对相对剩余价值理论的系统阐释。

一、《资本论》前三卷集中阐释

1857 年 7 月—1858 年 5 月,马克思潜心研究并撰写了一系列经济学手稿,一共 7 个笔记本,主要包括"价值章""货币章""资本章"等三章内容,详细阐述了他对资本和剩余价值的主要观点,合称《政治经济学批判(1857—1858 年手稿)》。《手稿》是马克思确立唯物史观以来经年累月深入研究政治经济学的思想结晶和理论积淀,体现了从批判到建构的研究重心的转变、从探索到叙述的学术阶段的跃升,成为创作《资本论》这部鸿篇巨著的前期铺垫和必要准备。《手稿》对相对剩余价值问题做出了较为系统清晰的表述和阐释,成为相对剩余价值思想发展的重要里程碑,揭开了经济学领域革命性突破的序幕。马克思首次超越剩余价值的各种具体表现形式,从理论上进行高度的概括和抽象,明确提出了"剩余价值"(Mehrwert)这个范畴并做出科学阐释。他说:"在资本方面表现为剩余价值的东西,正好在工人方面表现为超过他作为工人的需要,即超过他维持生命力的直接需要的剩余劳动。"①资本存在的唯一使命就是无休止地追逐剩余价值,资本主义生产的实质就是剩余价值的生产。任何科学理论的创立必然以若干个科学的核心范畴作为支撑,马克思确立剩余价值范畴的非凡意义就在于实现了政治经济学领域的一场术语革命,沿此路径继续前行,资本主义生产的秘密很快就会彻底揭开。马克思在《手稿》中不仅确立了剩余价值范畴,还在政治经济学史上第一次提出剩余价值生产的两种方法。既然剩余劳动是剩余价值的唯一源泉,资本家就首选延长工作日这种简便易行的手段,迫使工人的劳动更多地超出必要劳动时间、延伸剩余劳动时间,从而榨取绝对剩余价值。马克思指出:"在这里,不是劳动力维持正常状态决定工作日的界限,相反地,是劳动力每天尽可能达到最大量的耗费(不论这是多么强制和多么痛苦)决定工人休息时间的界限。"②运用这种手段必然受制于自然界限的上限和道德界限的底线,在风起云涌的无产阶级革命斗争面前资本家不得不调整策略。他们开始另辟蹊径,改进生产技术,提高劳动生产率,"工人劳动地提高了的生产力,由于缩短了补偿对象化在工人身上的劳动(为创造使用价值即生存资料)所必需的时间,因而表现为工人用在资本价值增殖(创造交换价值)上的劳动时间延长了"③。这样,工作日中的必要劳动时间缩短,剩余劳动时间相对延长,这就是相对剩余价值的生产方法。马克思进而指出,资本家将工人的劳动力作为使用价值纳入生产过程,除了生产出维持劳动力必需的价值以外,资本家完全夺去了工人创造的剩余价值。资本家认为这是天经地义、理所当然的,理由是他在购买劳动力商品时已经支付过了对价,无需再向工人支付任何报酬,那么价值的增量就成了资本自行增殖的结果,不论这种增殖是通过绝对剩余价

① 《马克思恩格斯全集:第30卷》,人民出版社,1995年版,第286页。
② 《马克思恩格斯文集:第5卷》,人民出版社,2009年版,第306页。
③ 《马克思恩格斯全集:第30卷》,人民出版社,1995年版,第297页。

值生产或是相对剩余价值生产实现的。与绝对剩余价值生产不同，相对剩余价值生产更多体现为质的差异。相对剩余价值的生产和实现，亟须生产技术更新换代和自然科学迅速发展，辅以交通、通讯、信贷、教育等各个领域全方位推进，力求将社会生产力提升到极限。新技术、新工艺、新产品不仅能够满足人们即时的需要，还不断引起和创造着新的需要，造成全面的社会生产和社会消费。正是由于相对剩余价值生产，资本才唤起一切自然的和社会的力量，"培养社会的人的一切属性，并且把他作为具有尽可能丰富的属性和联系的人，因而具有尽可能广泛需要的人生产出来——把他作为尽可能完整的和全面的社会产品生产出来（因为要多方面享受，他就必须有享受的能力，因此他必须是具有高度文明的人）——，这同样是以资本为基础的生产的一个条件"①。相对剩余价值彰显了资本的文明作用，"创造出社会成员对自然界和社会联系本身的普遍占有"，堪称资本主义生产的典型方式。

在《资本论》第一卷"第一版序言"中，马克思明确提出这项宏伟理论工程的研究对象，"我要在本书研究的，是资本主义生产方式以及和它相应的生产关系和交换关系"②。就本研究的主旨而言，《资本论》科学确立并系统阐释了相对剩余价值理论。这个具有划时代意义的理论成就涵盖相对剩余价值的生产与实现两大问题，贯穿整个资本主义生产过程。马克思将商品这个资本主义社会的经济细胞作为《资本论》研究的逻辑起点，分析了商品的二重性，揭示了剩余价值的来源和本质。马克思认为，工作日的长度是可变的，尽管在一定时期内再生产劳动力价值的必要劳动时间是既定的，但剩余劳动时间的长度能够人为延长。他说："资本主义生产——实质上就是剩余价值的生产，就是剩余劳动的吸取——通过延长工作日，不仅使人的

---

① 《马克思恩格斯全集：第30卷》，人民出版社，1995年版，第389页。
② 《资本论：第1卷》，人民出版社，1975年版，第8页。

劳动力由于被夺去了道德上和身体上正常发展与活动的条件而处于
萎缩状态,而且使劳动力本身未老先衰和死亡。"①这里所说的通过
延伸工作日绝对长度的做法就是绝对剩余价值的生产方法,资本家
在早期普遍采用这种方法赤裸裸地摧残和剥削工人,因为它简便易
行、立竿见影。那时的雇佣工人一般每天要工作十四五个小时甚至
更长,生存境遇十分悲惨。这种方法虽然能使资本家获得较多的剩
余价值,推动资本主义经济快速增长,但是工作日的恣意延长严重损
害了雇佣工人的身心健康,侵犯了他们最基本的生存权利,理所当然
受到日益觉悟的无产阶级的激烈抗争。不仅如此,"既然资本无限度
地追逐自行增殖,必然使工作日延长到违反自然的程度,从而缩短工
人的寿命,缩短他们的劳动力发挥作用的时间,因此,已经消费掉的
劳动力就必须更加迅速地补偿,这样,在劳动力的再生产上就要花更
多的费用,正像一台机器磨损得越快,每天要再生产的那一部分机器
价值也就越大。因此,资本为了自身的利益,看来也需要规定一种正
常工作日"②。可见,绝对剩余价值生产不仅要受到生理、道德、社会
等因素的制约,也无法满足资本最大限度吮吸活劳动的欲望,资本家
只能寻求别的更隐蔽、更有效的方法。因为,"资本只是占有历史上
遗留下来的或者说现存形态的劳动过程,并且只延长它的持续时间,
就绝对不够了。必须变革劳动过程的技术条件和社会条件,从而变
革生产方式本身,以提高劳动生产力,通过提高劳动生产力来降低劳
动力的价值,从而缩短再生产劳动力价值所必要的工作日部分"③。
马克思在探讨"资本主义积累的一般规律"时指出,资本集中是"已经
形成的各资本的积聚,是它们的个体独立性的消灭,是资本家剥夺资
本家,是许多小资本变成少数大资本",这一过程是"以已经存在的并

---

① 《资本论:第1卷》,人民出版社,1975年版,第295页。
② 《资本论:第1卷》,人民出版社,1975年版,第295-296页。
③ 《资本论:第1卷》,人民出版社,1975年版,第350页。

且执行职能的资本在分配上的变化为前提"①。资本集中包括两种方式,一种是"通过吞并这条强制的途径来实现",另一种是"通过建立股份公司这一比较平滑的办法把许多已经形成或正在形成的资本融合起来"②。马克思还专门举出修建铁路的经典范例,形象地反映了股份制的资本集中功能,"假如必须等待积累去使某些单个资本增长到能够修建铁路的程度,那么恐怕直到今天世界上还没有铁路。……但是,集中通过股份公司转瞬之间就把这件事完成了"③。股份资本对于推动新技术在生产过程中的广泛应用意义重大,"在正常的积累进程中形成的追加资本,主要是充当利用新发明和新发现的手段,总之,是充当利用工业改良的手段"④。在《资本论》第一卷中,马克思已从资本积累视角论及股份公司的作用,对有关股份公司的其他重要问题尚未展开系统深入的阐释。

在《资本论》第二卷中,马克思按照社会再生产是否在原有规模上进行,分为简单再生产和扩大再生产。简单再生产是指资本家将获得剩余价值全部用于个人消费,那么再生产就只能在原有规模上重复进行。扩大再生产意味着积累,剩余价值的一部分投入到再生产过程中,用来追加可变资本和不变资本,从而扩大原有的生产规模。从资本无休止追求价值增殖的内在驱力来看,简单再生产远远不能满足资本贪婪的本性,扩大再生产是资本主义再生产的一般形式和根本特征。马克思在深入研究魁奈的《经济表》、批判扬弃古典政治经济学有关理论的基础上,根据扩大再生产所采用手段的不同,从理论上抽象出扩大再生产的两种类型。他在多处使用外延和内含的语词予以表达,"积累,剩余价值转化为资本,按其实际内容来说,

---

① 《资本论:第1卷》,人民出版社,1975年版,第686页。
② 《资本论:第1卷》,人民出版社,2004年版,第723页。
③ 《资本论:第1卷》,人民出版社,1975年版,第688页。
④ 《资本论:第1卷》,人民出版社,1975年版,第689页。

就是规模扩大的再生产过程,而不论这种扩大是从外延方面表现为在旧工厂之外添设新工厂,还是从内涵方面表现为扩充原有的生产规模。"①"无论这种货币资本是用来扩充它们的正在执行职能的资本,还是要用来创立新的工业企业(这是扩大生产的两种形式)。"②"如果生产场所扩大了,就是在外延上扩大;如果生产资料效率提高了,就是在内含上扩大。"③可见,马克思所理解的外延型扩大再生产集中体现在量的方面,靠单纯增加生产要素的数量、扩大生产场所来实现,这是一种粗放式发展;内含型扩大再生产体现在质的方面,通过技术进步、提高生产要素的质量和效率来实现,这是一种集约式发展。对于这两种类型,不能简单以孰优孰劣予以评价,而应具体地历史地看待和分析。在现实中这两种类型不是绝对孤立、严格区分的,更多地体现为扩大再生产过程中外延性因素与内含性因素的结合。在资本主义生产发展的不同历史阶段,这两种因素的地位和作用是不同的,从外延性因素占主导地位逐步发展为内含性因素比重增加,扩大再生产始终表现为两种类型的结合和统一。马克思非常重视技术在扩大再生产中的作用,认为科技进步既能增加资本积累的总量,更能提升生产资料使用效率,无论对于哪种类型的扩大再生产来讲,都起到根本的推动作用。马克思在考察货币资本的作用时深刻指出,"在资本主义生产的基础上,历时较长范围较广的事业,要求在较长时间内预付较大量的货币资本。所以,这一类领域里的生产取决于单个资本家拥有的货币资本的界限。这个限制被信用制度和与此相连的联合经营(例如股份公司)打破了"④。马克思在"积累和扩大再生产"一章中还揭示了贮藏货币与信用制度的关系,即贮藏货币的

① 《资本论:第2卷》,人民出版社,1975年版,第356页。
② 《资本论:第2卷》,人民出版社,1975年版,第554页。
③ 《资本论:第2卷》,人民出版社,1975年版,第192页。
④ 《资本论:第2卷》,人民出版社,1975年版,第396页。

非生产性推动信用制度的发展,信用制度也改变着贮藏货币的作用方式,信用制度特别是有价证券为社会闲散货币提供了迅速转化为社会资本的媒介,"作为贮藏货币,作为只是逐渐形成的潜在货币资本时,它是绝对非生产的,它在这个形式上虽然和生产过程平行进行,但却处在生产过程之外。……它是资本主义生产的一个死荷重(dead weight)。……渴望利用这种作为潜在货币资本贮藏起来的剩余价值来取得利润和收入的企图,在信用制度和有价证券上找到了努力的目标"①。

马克思在《资本论》第三卷中集中考察了信用制度在资本主义生产中的作用。信用制度的基础在于货币具有支付手段的职能,票据是信用制度的主要形式,"商品不是为了取得货币而卖,而是为取得定期支付的凭证而卖。为了简便起见,我们可以把这种支付凭据概括为汇票这个总的范畴。这种汇票直到它们期满,支付日到来之前,本身又会作为支付手段来流通;它们形成真正的商业货币"②。马克思认为,信用制度对资本主义生产具有重要意义,主要表现在以下几个方面:一是加速资本在部门之间的流动,推动了平均利润率的形成;二是通过减少货币的实际运用从而减低流通费用;三是促进了股份公司的出现,这是一种新的社会劳动的组织方式,是在资本主义生产关系范围内的创新和扬弃;四是单个资本家得以在一定界限内绝对支配他人的资本和财产。就本研究主旨而言,信用制度是股份资本和股份公司赖以产生的重要前提,"信用制度是资本主义的私人企业逐渐转化为资本主义的股份公司的主要基础,同样,它又是按或大或小的国家规模逐渐扩大合作企业的手段"③。随着资本主义生产规模日益壮大,单个资本家已无力承接接踵而至的巨型项目,通过设

---

① 《资本论:第2卷》,人民出版社,1975年版,第562页。
② 《资本论:第3卷》,人民出版社,1975年版,第450页。
③ 《资本论:第3卷》,人民出版社,1975年版,第497页。

立股份公司发行股票的资本募集方式迅速流行起来，"生产规模惊人地扩大了，个别资本不可能建立的企业出现了"①。股份公司如雨后春笋般生发和蔓延，极大促进了资本和生产的集中，有力推动了科技进步和经济发展。

马克思指出，股份公司导致了两大对立（社会资本与私人资本、社会企业与私人企业之间的对立），"那种本身建立在社会生产方式的基础上并以生产资料和劳动力的社会集中为前提的资本，在这里直接取得了社会资本（即那些直接联合起来的个人的资本）的形式"；"它的企业也表现为社会企业，而与私人企业相对立。"②当然，这种对立并没有改变资本主义私有制，只是"作为私人财产的资本在资本主义生产方式本身范围内的扬弃"③。与这种变化相联系的，是资本所有权和经营权的分离，"与信用事业一起发展的股份企业，一般地说也有一种趋势，就是使这种管理劳动作为一种职能越来越同自有资本或借入资本的所有权相分离，这完全像司法职能和行政职能随着资产阶级社会的发展，同土地所有权相分离一样，而在封建时代，这些职能却是土地所有权的属性。……但是一方面，因为执行职能的资本家同资本的单纯所有者即货币资本家相对立，并且随着信用的发展，这种货币资本本身取得了一种社会的性质，集中于银行，并且由银行贷出而不再是由它的直接所有者贷出；另一方面，又因为那些不能在任何名义下，即不能用借贷也不能用别的方式占有资本的单纯的经理，执行着一切应由执行职能的资本家自己担任的现实职能，所以，留下来的只有管理人员，资本家则作为多余的人从生产过程中消失了"④。信用制度和股份资本的发展，有利于资本所有权与

① 《资本论：第3卷》，人民出版社，1975年版，第493-494页。
② 《资本论：第3卷》，人民出版社，1975年版，第493页。
③ 《资本论：第3卷》，人民出版社，1975年版，第493页。
④ 《资本论：第3卷》，人民出版社，1975年版，第436页。

经营权分离,符合现代企业管理专业化、复杂化、科学化的要求,大大促进了企业管理水平和资本运作效率的提高。

股票作为有权取得未来剩余价值的所有权证书,具有可让渡性,若其所有者不满足于这种虚拟资本的增殖能力,可以依照一定规则通过资本市场转手。马克思指出,"铁路、采矿、轮船等公司的股票是代表现实资本,也就是代表在这些企业中投入的并执行职能的资本,或者说,代表股东所预付的、以便在这些企业中作为资本来用的货币额"①。然而,股票作为现实资本的前提是"不能有双重存在:一次是作为所有权证书即股票的资本价值,另一次是作为在这些企业中实际已经投入或将要投入的资本"②。股票是现实资本的纸质复本,在资本市场上具有独立的运动形式,"这些所有权证书——不仅是国家证券,而且是股票——的价值的独立运动,加深了这种假象,好像除了它们可能有权索取的资本或权益之外,它们还构成现实资本。这就是说,它们已经成为商品,而这些商品的价格有独特的运动和决定方法。它们的市场价值,在现实资本的价值不发生变化(即使它的价值已增殖)时,会和它们的名义价值具有不同的决定方法。……这种证券的市场价值部分地有投机的性质,因为它不是由现实的收入决定的,而是由预期得到的、预先计算的收入决定的。……它的价值始终只是资本化的收益,也就是一个幻想的资本按现有利息率计算可得的收益"③。实际上,货币资本的积累就是积累者以货币的形式或对货币的直接索取权的形式占有资本和收入,"大部分不外是对生产的索取权的积累,是这种索取权的市场价格即幻想资本价值的积累"④。显然这会助长投机交易,促使一些人以赌博方式进行冒险,

① 《资本论:第3卷》,人民出版社,1975年版,第529页。
② 《资本论:第3卷》,人民出版社,1975年版,第529页。
③ 《资本论:第3卷》,人民出版社,1975年版,第529页。
④ 《资本论:第3卷》,人民出版社,1975年版,第531页。

"因为财产在这里是以股票的形式存在的,所以它的运动和转移就纯粹变成了交易所赌博的结果;在这种赌博中,小鱼为鲨鱼所吞掉,羊为交易所的狼所吞掉"①。

马克思从历史唯物主义出发,深刻阐明了股份资本的社会历史意义。股份资本的出现是商品经济高度发展的结果,直接动因是既快又多地筹集资本以适应日益发展的社会化大生产需要,深远意义则"表现为通向一种新的生产形式的单纯过渡点"②。股份资本的组织形式仍属资本主义生产关系的自我调整,私人资本采取了社会资本的形式,生产资料只有在联合起来的生产者手中才发生资本的现实作用,"资本主义生产极度发展的这个结果,是资本再转化为生产者的财产所必需的过渡点,不过这种财产不再是各个互相分离的生产者的私有财产,而是联合起来的生产者的财产,即直接的社会财产。另一方面,这是所有那些直到今天还和资本所有权结合在一起的再生产过程中的职能转化为联合起来的生产者的单纯职能,转化为社会职能的过渡点"③。正是在这个意义上,马克思高度评价股份公司是"发展现代社会生产力的强大杠杆","它们对国民经济的迅速增长的影响恐怕估价再高也不为过的"④。

二、"历史文献部分"批判与扬弃

1865 年 7 月 31 日,马克思在写给恩格斯的信中说,"至于说到我的工作,我愿意把全部真情告诉你。再写三章就可以结束理论部分(前三册)。然后还得写第四册,即历史文献部分"⑤。这里所说的"历史文献部分"就是《资本论》第四卷(《剩余价值理论》)。《资本论》第四卷只是马克思留下的一批未经整理的研究札记、笔记等,直至恩

---

① 《资本论:第 3 卷》,人民出版社,1975 年版,第 496 页。
② 《资本论:第 3 卷》,人民出版社,1975 年版,第 495 页。
③ 《资本论:第 3 卷》,人民出版社,1975 年版,第 493 页。
④ 《马克思恩格斯全集:第 12 卷》,人民出版社,1962 年版,第 609 页。
⑤ 《马克思恩格斯全集:第 31 卷》,人民出版社,1972 年版,第 135 页。

格斯逝世也未能完成整理出版。后经卡尔·考茨基编辑并于1905年—1910年出版。《资本论》是马克思、恩格斯等人的智慧结晶和劳动成果。前三卷以资本和剩余价值为核心,着力阐明资本的生产过程、流通过程以及资本主义生产的总过程,其间不乏对古典政治经济学进行点睛式的分析。第四卷在分阶段、逐个人对政治经济学说史进行批判研究的同时,丰富和发展了前三卷提出的理论见解。前三卷与第四卷无论是在理论内容、逻辑结构还是研究方法上一脉相承、彼此呼应、相互映照,是一个完整严密的理论体系。

　　起初,马克思打算在总结梳理自己的政治经济学研究成果的基础上,撰写一部恢宏著作《政治经济学批判》。在《〈政治经济学批判〉导言》中,他对这部著作进行了谋篇布局,即"五篇结构":"(1)一般的抽象的规定,因此它们或多或少属于一切社会形式,不过是在上面所阐述的意义上。(2)形成资产阶级社会内部结构并且成为基本阶级的依据的范畴。资本、雇佣劳动、土地所有制。它们的相互关系。城市和乡村。三大社会阶级。它们之间的交换。流通。信用事业(私人的)。(3)资产阶级社会在国家形式上的概括。就它本身来考察。'非生产'阶级。税。国债。公共信用。人口。殖民地。向国外移民。(4)生产的国际关系。国际分工。国际交换。输出和输入。汇率。(5)世界市场和危机。"①不久,马克思又提出了《政治经济学批判》"六册计划",深入考察资本、土地所有制、雇佣劳动、国家、对外贸易和世界市场,系统阐释对资本主义生产的本质、过程及趋向的理论观点。1859年6月,马克思出版了《政治经济学批判》第一分册,内容主要包括第一册《资本》第一篇"资本一般"的前两章"商品"和"货币"。1861年8月,马克思以"《政治经济学批判》续"作为标题,继续撰写《政治经济学批判》第二分册,内容为"资本一般"的第三章"资

---

① 《马克思恩格斯全集:第30卷》,人民出版社,1995年版,第50页。

本",准备逐次分析货币转化为资本、绝对剩余价值、相对剩余价值、原始积累、雇佣劳动与资本。然而,在这段集中研究的期间,马克思产生了许多新的思考、新的观点。他将这些思想结晶付诸笔端、精耕不辍,到 1863 年 7 月完成了多达 23 个笔记本的手稿,合称《1861—1863 年经济学手稿》。《手稿》大体分为三个部分。前 5 个笔记本主要阐述货币转化为资本、绝对剩余价值以及相对剩余价值的概论部分。之后,马克思考虑不再接着写完相对剩余价值的内容,而是增加新的一章"剩余价值理论",这部分内容主要是对学说史进行考察,篇幅为中间的 10 个笔记本。这部分手稿后来经整理出版为《资本论》第四卷(《剩余价值理论》)。最后 8 个笔记本主要包括补充论述之前有关理论内容,并提出接下来需要深入研究和解决的问题。到了这里,原先的《政治经济学批判》"六册计划"已无法满足马克思理论表达的要求了。在他的脑海中,一个新的思想理论框架越来越清晰地呈现出来,即《资本论》四卷的写作构想。1862 年 12 月 28 日,他在致库格曼的信中说,"第二部分终于脱稿,只剩下誊清和付排前的最后润色了。……它是第一分册的续篇,将以《资本论》为标题单独出版,而《政治经济学批判》只作为副标题。其实,它只包括本来应构成第一篇第三章的内容,即《资本一般》"①。

美国学者弗雷德·莫斯利认为,《1861—1863 年经济学手稿》在马克思剩余价值理论发展过程中居于核心地位,对于理解《资本论》而言极为重要。②《1861—1863 年经济学手稿》不仅包括《剩余价值理论》的主要内容,而且在许多地方都有所延伸和深化,蕴含着十分丰富的思想观点。在《手稿》中,马克思已经对剩余价值和利润进行

① 《马克思恩格斯文集:第 10 卷》,人民出版社,2009 年版,第 196 页。
② Fred Moseley, "The Development of Marx's Theory of the Distribution of Surplus-Value", in *New Investigation of Marx's Method*, ed. F. Moseley and M. Campbell, Atlantic Highlands, N. J. : Humanities Press, 1977.

了区分。二者考察的角度不同,剩余价值对应可变资本,利润对应整个预付资本。马克思指出:"如果说,亚·斯密的理论的长处在于,他感觉到并强调了这个矛盾,那么,他的理论的短处在于,这个矛盾甚至在他考察一般规律如何运用于简单商品交换的时候也把他弄糊涂了;他不懂得,这个矛盾之所以产生,是由于劳动能力本身成了商品,作为这种特殊的商品,它的使用价值本身(因而同它的交换价值毫无关系)是一种创造交换价值的能力。"①马克思还明确提出了剩余价值规律,"资本主义生产的直接目的不是生产商品,而是生产剩余价值或利润(在其发展的形式上);不是产品,而是剩余产品"②。马克思还强调,产业资本在资本主义生产关系中占主导地位,其他的资本形式处于次要的或派生的地位,产业资本与其他资本形式是支配与从属的关系。马克思初步探讨了超额剩余价值在绝对剩余价值向相对剩余价值转化中的中介作用,这一点在《资本论》第一卷中有明确阐述,"当新的生产方式被普遍采用,因而比较便宜的生产出来的商品的个别价值和它的社会价值之间的差额消失的时候,这个超额剩余价值也就消失。价值由劳动时间决定的规律,既会使采用新方法的资本家感觉到,他必须低于商品的社会价值来出售自己的商品,又会作为竞争的强制规律,迫使他的竞争者也采用新的生产方式"③。《手稿》还详尽论述了科学技术与资本主义生产的关系。马克思说:"对别人劳动(剩余劳动)的贪欲,并不是机器所有主的独特本性,它是推动整个资本主义生产的动机。"④机器技术的出现有着深刻的历史必然性,"机器劳动这一革命因素是直接由于需求超过了用以前的生产手段来满足这种需求的可能性而引起的"⑤。机器的资本主义

① 《马克思恩格斯全集:第 26 卷Ⅰ》,人民出版社,1972 年版,第 67 页。
② 《马克思恩格斯全集:第 26 卷Ⅱ》,人民出版社,1973 年版,第 624 页。
③ 《资本论:第 1 卷》,人民出版社,1975 年版,第 354 页。
④ 《马克思恩格斯全集:第 47 卷》,人民出版社,1979 年版,第 374 页。
⑤ 《马克思恩格斯全集:第 47 卷》,人民出版社,1979 年版,第 472 页。

应用过程,就是围绕攫取更多的剩余价值展开的。科学技术不仅推动社会生产力发展,而且对变革社会关系起到重要作用。

1877 年 11 月 3 日,马克思在写给济格蒙德·肖特的信中说,"我的著作的各个部分是交替着写的。实际上,我本人写作《资本论》的顺序同读者将要看到的顺序恰恰是相反的(即从第三部分——历史部分开始写),只不过是我最后着手写的第一卷当即做好了付印的准备,而其他两卷依然处于一切研究工作最初阶段所具有的那种初稿形式"①。信中提到的"历史部分",就是指《剩余价值理论》。作为《资本论》第四卷的《剩余价值理论》,虽然在出版时间上晚于《资本论》前三卷,但在写作时间上早于前三卷。马克思之所以高度重视这部分内容,就是要从历史文献入手,深刻阐明自己理论的思想渊源。《剩余价值理论》的写作,处在一个承前启后的重要阶段,担负着理论的确证与完善的双重任务。正是在这个艰辛的研究时期,剩余价值理论得到进一步发展和完善,真正实现了历史与逻辑的统一。《剩余价值理论》分为三册:第一册研究历史上关于剩余价值"纯粹形式"的各种观点,第二册研究对剩余价值特殊形式的认识的发展历程,第三册通过揭示李嘉图之后政治经济学的发展趋势,论证剩余价值理论的科学性。

马克思认为,以往的经济学家由于时代和阶级的局限,对剩余价值问题的探讨都犯了同样一个错误,"他们不是就剩余价值的纯粹形式,不是就剩余价值本身,而是就利润和地租这些特殊形式来考察剩余价值"②。因此,研究剩余价值问题必须把剩余价值的纯粹形式置于特别重要的位置,否则无法科学理解剩余价值的来源和本质。马克思指出,剩余价值产生于生产领域,实现于流通领域。重商主义能够敏锐地关注到商业利润问题,较之过往是一个进步,但他们始终受

---

① 《马克思恩格斯文集:第 10 卷》,人民出版社,2009 年版,第 421 - 422 页。
② 《马克思恩格斯全集:第 26 卷 I》,人民出版社,1972 年版,第 7 页。

限于流通领域、浮于事物表象,因而不可能真正认识剩余价值。重农学派的突出贡献就在于,将研究的目光转向生产领域,从而使揭示资本主义生产的秘密成为可能,他们的不足之处是认为只有农业才是唯一具有生产性的部门。斯密坚决反对重农学派的观点,主张对剩余价值的研究要从农业部门扩展到所有生产部门,马克思对此给予了充分肯定:"在对剩余价值的分析上,因而在对资本的分析上,亚当·斯密比重农学派前进了一大步。在重农学派的著作中,创造剩余价值的,仅仅是一个特定种类的实在劳动——农业劳动。因此,他们考察的是劳动的使用价值,而不是劳动时间,不是作为价值的唯一源泉的一般社会劳动。"①关于对生产劳动的认识,斯密取得了两个方面的进展:一是能够用资本交换的劳动理解资本主义的生产劳动;二是以生产商品的劳动理解一般的生产劳动。然而,他在具体分析资本主义条件下的生产劳动时,总是不自觉地将二者混淆甚至等同起来。马克思明确指出:"从资本主义生产的意义上说,生产劳动是这样一种雇佣劳动,它同资本的可变部分(花在工资上的那部分资本)相交换,不仅把这部分资本(也就是自己劳动能力的价值)再生产出来,而且,除此之外,还为资本家生产剩余价值。"②

在李嘉图那里,价值与生产价格是直接同一的,因而无法科学说明地租的来源问题,也没能正确规定绝对地租与级差地租。马克思在《剩余价值理论》第二册中针对这个错误认识,较为系统地阐述了他对地租问题的理解。马克思深入分析了农业生产中的超额剩余价值、剩余价值率、利润率等问题,对生产价格和平均利润进行了探讨,在此基础上提出应从剩余价值转化为利润和平均利润的视角,来理解和把握地租问题。马克思肯定了斯密对绝对地租的观点,"斯密因此把地租看作土地所有权的单纯结果,认为地租是一种垄断价格,这

---

① 《马克思恩格斯全集:第26卷Ⅰ》,人民出版社,1972年版,第64页。
② 《马克思恩格斯全集:第26卷Ⅰ》,人民出版社,1972年版,第142页。

是完全正确的，因为只是由于土地所有权的干预，产品才按照高于费用价格的价格出卖，按照自己的价值出卖"①。但斯密和李嘉图一样，都没有分析劳动生产率提高对地租的影响，从而没能正确解释级差地租。最后，马克思对李嘉图剩余价值观点的根本缺陷进行了分析和批判，"李嘉图在任何地方都没有离开剩余价值的特殊形式——利润（利息）和地租——来单独考察剩余价值。因此，他对具有如此重要意义的资本有机构成的论述，只限于说明从亚当·斯密（特别是从重农学派）那里传下来的，由流通过程产生的资本有机构成的差别（固定资本和流动资本）；而生产过程本身内部的资本有机构成的差别，李嘉图在任何地方都没有涉及，或者根本就不知道。就是由于这个缘故，他把价值和费用价格混淆起来了，提出了错误的地租理论，得出了关于利润率提高和降低原因的错误规律，等等"②。马克思在此过程中还发现了利润率逐渐下降的趋势，深刻阐明了利润率下降是由于劳动生产率提高、可变资本所占比例减少导致的，从而丰富和发展了自己的剩余价值理论。

庸俗经济学家马尔萨斯最先发现李嘉图学说的两大矛盾，即资本和劳动的交换如何与价值规律相符、平均利润率的存在如何与价值规律相符。马尔萨斯对此加以攻击，引起了李嘉图学派的分化。马克思指出："马尔萨斯在反对李嘉图时用来作为出发点的，一方面是剩余价值的产生问题，另一方面是李嘉图把不同投资领域中费用价格的平均化看作价值规律本身的变形的观点，以及他始终把利润和剩余价值混淆起来（把两者直接等同起来）的做法。马尔萨斯并没有解决这些矛盾和概念的混乱，而是从李嘉图那里把它们接受过来，以便依靠这种混乱去推翻李嘉图关于价值的基本规律等，并作出使

① 《马克思恩格斯全集：第 26 卷Ⅱ》，人民出版社，1973 年版，第 389 页。
② 《马克思恩格斯全集：第 26 卷Ⅱ》，人民出版社，1973 年版，第 423 页。

他的保护人乐于接受的结论。"①英国的詹姆斯·穆勒和麦克库洛赫为了维护李嘉图学说,想方设法回避矛盾、掩饰矛盾,不惜采用萨伊、马尔萨斯等人的观点来阐释和改进李嘉图学说,结果反而抛弃了李嘉图学说的科学成分,加速了李嘉图学派的解体。英国早期社会主义者站在无产阶级的立场上,着眼于无产阶级与资产阶级矛盾日趋激化的社会现实,坚持和发展了李嘉图等人学说中劳动创造价值等基本观点,既在一定程度上揭露了资产阶级政治经济学内在的理论矛盾,又提出了许多新的有价值的见解。马克思指出:"很明显,既然使资产阶级政治经济学在理论上作了这种毫不留情的表述的那同一种现实的发展,又发展了现实本身所包含的实际矛盾,特别是发展了英国日益增长的'国民'财富和日益增长的工人贫困之间的对立,其次,既然这些矛盾在李嘉图以及其他政治经济学家的理论中得到了理论上中肯的、尽管是无意识的表现,那么,站到无产阶级方面来的思想家抓住了在理论上已经给他们准备好了的矛盾,是十分自然的。"②

第三节 "第二小提琴手"继承与阐发

恩格斯是马克思主义创始人之一,马克思的亲密战友。恩格斯对马克思极其敬重,他曾谦逊地表示,"马克思比我们一切人都站得高些,看得远些,观察得多些和快些。马克思是天才,我们至多是能手。没有马克思,我们的理论远不会是现在这个样子。所以,这个理论用他的名字命名是公正的"③。应当说,马克思主义形成与发展的全过程,倾注着马克思和恩格斯两个人毕生的心血。从 1844 年 8 月恩格斯在巴黎会见马克思、1845 年 2 月合作出版《神圣家族》,到《德

---

① 《马克思恩格斯全集:第26卷Ⅲ》,人民出版社,1974年版,第4页。
② 《马克思恩格斯全集:第26卷Ⅲ》,人民出版社,1974年版,第285页。
③ 《马克思恩格斯全集:第21卷》,人民出版社,1965年版,第336页。

意志意识形态》《共产党宣言》,直至1883年3月马克思逝世,恩格斯整理出版马克思遗稿、完成马克思未竟事业,几乎每一次理论上的重大进展,都凝聚着恩格斯的智慧和辛劳。有西方学者甚至认为,在青年时期恩格斯的观点对马克思影响很大,"一些基本的和持久的马克思主义命题最初浮现于恩格斯的而非马克思的早期著作中"①。无论是恩格斯独撰的《反杜林论》《自然辩证法》等著作,还是与马克思的合著内容,都是对唯物史观与剩余价值理论的丰富和发展。

一、捍卫历史唯物主义根本立场

恩格斯于1884年5月用德文写成《家庭、私有制和国家的起源》,同年10月在瑞士出版,后来在德国再版并被译为多种语言。恩格斯在1884年第一版序言中明确提出这项研究的初衷,"以下各章,在某种程度上是实现遗愿。不是别人,正是卡尔·马克思曾打算联系他的——在某种限度内我可以说是我们两人的——唯物主义的历史研究所得出的结论来阐述摩尔根的研究成果,并且只有这样来阐明这些成果的全部意义。原来,摩尔根在美国,以他自己的方式,重新发现了40年前马克思所发现的唯物主义历史观,并且以此为指导,在把野蛮时代和文明时代加以对比的时候,在主要点上得出了与马克思相同的结果"②。恩格斯与马克思都非常重视美国民族学家、人类学家摩尔根的著作《古代社会》,恩格斯甚至认为《古代社会》对于历史学的价值,可以与达尔文《进化论》在生物学领域的意义相媲美。因此,恩格斯打算运用唯物史观来阐释摩尔根的有关研究成果,从而进一步丰富和完善唯物史观和剩余价值理论。从现实的革命斗争来看,面对阶级矛盾空前尖锐、工人阶级日益觉悟的形势,资产阶级学者为了维护资本主义制度,大肆鼓吹私有制、国家、资本主义制

---

① G. S. Jones. Engels and the Genesis of Marxism, *New Left Review*. No. 106, 1977, p. 102.

② 《马克思恩格斯文集:第4卷》,人民出版社,2009年版,第15页。

度的永恒性,竭力掩盖资本主义社会的内在矛盾。譬如,英国资产阶级学者罗·托伦斯完全无视资本产生的根源和条件,居然提出资本在原始社会就已存在的谬论。他说:"在野蛮人用来投掷他所追逐的野兽的第一块石头上,在他用来打落他用手摘不到的果实的第一根棍子上,我们看到占有一物以取得另一物的情形,这样我们就发现了资本的起源。"①类似的错误言论层出不穷,对工人阶级的思想意识和工人运动的斗争方向产生了严重的消极影响。恩格斯撰写《起源》的直接目的,就是要深刻揭示人类历史发展的客观规律,阐明马克思主义在家庭、私有制、国家等问题上的根本观点,为工人阶级的革命斗争进一步指明方向。同时,也为深入理解马克思剩余价值理论尤其是相对剩余价值理论提供了新的历史维度和宏观视域。恩格斯深入阐述了两种生产理论,强调物质资料的生产和人自身的生产是相互依存、辩证发展的关系,二者共同推动血缘关系向阶级关系迈进,继而导致私有制、阶级对立以及国家的产生。他指出:"根据唯物主义观点,历史中的决定性因素,归根结底是直接生活的生产和再生产。但是,生产本身又有两种。一方面是生活资料即食物、衣服、住房以及为此所必需的工具的生产;另一方面是人自身的生产,即种的繁衍。一定历史时代和一定地区内的人们生活于其下的社会制度,受着两种生产的制约:一方面受劳动的发展阶段的制约,另一方面受家庭的发展阶段的制约。劳动越不发展,劳动产品的数量,从而社会的财富越受限制,社会制度就越在较大程度上受血族关系的支配。"②在原始社会早期,血缘关系在社会制度中居于主导地位。随着生产力的发展和分工的产生,剩余劳动和剩余产品开始出现,经济关系对血缘关系造成了冲击和挑战,劳动和所有制的发展程度越来越起到支配作用。恩格斯还探讨了人类在蒙昧时代、野蛮时代、文明

---

① 《马克思恩格斯全集:第47卷》,人民出版社,1979年版,第170页。
② 《马克思恩格斯文集:第4卷》,人民出版社,2009年版,第15-16页。

时代中家庭形式的发展变迁,认为家庭不是从来就有的,社会经济关系决定家庭形式演变。恩格斯通过对人类历史上三次大分工相关史料的考察和分析,指出分工与交换是私有制产生的社会条件,剩余产品数量的增加为私有制提供了物质基础,而劳动的个体化趋势则是私有制产生的根本动力。随着私有制的产生和发展,社会日益分裂为对立的阶级。可见,私有制和阶级不是从来就有的,它们在生产力发展的一定阶段上出现、演进,最终必将走向消亡,因而是历史的、而不是永恒的。国家建立在私有制产生、阶级斗争、氏族制度瓦解的基础上,是阶级矛盾不可调和的产物和表现。国家并非观念意识的产物,也不是神秘力量造就的,国家本质上就是在经济上占统治地位的阶级镇压被统治阶级反抗、剥削和奴役被统治阶级的工具。在生产力高度发达的基础上,国家也会同私有制和阶级一样退出历史舞台,进入社会历史的陈列馆。恩格斯精心撰写的《起源》进一步丰富和发展了唯物史观,列宁后来给予了高度赞誉,“这是现代社会主义的基本著作之一,其中每一句话都是可以相信的,每一句话都不是凭空说的,而是根据大量的史料和政治材料写成的”①。

恩格斯的《路德维希·费尔巴哈和德国古典哲学的终结》(简称《费尔巴哈论》)写于 1886 年,起初以连载的形式刊登在《新时代》杂志第 4 期和第 5 期上,1888 年恩格斯略加改动,加上序言和附录出版了单行本。附录就是马克思《关于费尔巴哈的提纲》,恩格斯认为将这个“包含着新世界观的天才萌芽的第一个文件”作为《费尔巴哈论》的附录部分十分妥帖。《费尔巴哈论》本身有点书评或论战的意味,是恩格斯应《新时代》之约,对丹麦哲学家施达克《路德维希·费尔巴哈》错误界定费尔巴哈为唯心主义者的做法,做出评价。从思想战线和阶级斗争的实际情况来看,当时工人运动正处于新高潮的前夜,

---

① 《列宁全集:第 37 卷》,人民出版社,1986 年版,第 61 页。

亟须马克思主义提供更加有力的思想理论指导。与此同时，资产阶级学者为了抵制马克思主义，将已经终结的德国古典哲学重新搬出来，贴上新哲学的标签，以新黑格尔主义、新康德主义等旗号，攻击辩证唯物主义和历史唯物主义，欺骗和麻痹工人群众。他们还极力歪曲马克思主义哲学与德国古典哲学的关系，污蔑马克思主义哲学不过是对黑格尔哲学、费尔巴哈哲学的摘抄和拼凑。因此，恩格斯认为尽快澄清马克思主义哲学的来源问题、系统阐述辩证唯物主义和历史唯物主义是十分必要的。恩格斯一直强调研究唯物史观必须从原著出发而不能依据二手资料，而《费尔巴哈论》就是详尽阐述唯物史观的必读经典书目之一。在这部著作里，恩格斯阐明了马克思主义哲学与黑格尔哲学、费尔巴哈哲学的关系，划清了马克思主义哲学与一切旧哲学的界限，深刻阐述了唯物史观基本原理。《费尔巴哈论》主要分为四章。第一章指出了黑格尔哲学中辩证法与唯心主义的矛盾，批判了青年黑格尔派代表人物的观点。第二章提出哲学的基本问题以及划分唯物主义和唯心主义的标准，阐明费尔巴哈的唯物主义及其形而上学的缺陷。第三章指出费尔巴哈高举的唯物主义大旗仅仅占据自然观的阵地，在社会历史领域仍旧没有突破唯心主义的藩篱。前三章主要是分析和批判黑格尔、费尔巴哈等人的理论观点，特别强调费尔巴哈唯物主义是不彻底的，是下半截唯物主义、上半截唯心主义的矛盾体，第四章则是概述马克思主义历史观。恩格斯指出，马克思主义哲学与黑格尔哲学的分离就在于，既坚持唯物主义观点又吸取黑格尔辩证法的合理内核，形成了唯物辩证法。不仅如此，马克思主义哲学还将唯物辩证法彻底运用到一切领域，特别是在社会历史领域的运用中创立了唯物史观。社会历史是由无数追求自己目的的个人的活动构成的，尽管每个人的活动都是有意识、有预期的，但是支配历史进程的并不是人们的主观动机。每个人的愿望和行动在现实中经常会互相冲突、难以如愿，最终的结果是从许多单个意志冲突中产生的,因而历史是不同的思想动机及对外作用的合力的产物。恩格斯强调,杰出人物在历史发展中起到的作用是有限的、相对的,人民群众是历史的真正创造者,是推动社会历史发展的根本动力。那么,探究历史规律就是要考察"使广大群众、使整个整个的民族,并且在每一民族中间又是使整个整个阶级行动起来的动机;而且也不是短暂的爆发和转瞬即逝的火光,而是持久的、引起重大历史变迁的行动"①。随着工业革命的蓬勃兴起,机器大工业逐渐取代工场手工业的劳动组织方式,相对剩余价值的生产与实现成为资本主义生产方式的主逻辑,机器技术对广大工人的奴役愈发深重。毋庸置疑,资本主义生产方式的确立,打碎了封建制度的桎梏,使社会生产力得到空前发展。然而,资本主义大工业的发展又和资本主义生产关系发生激烈冲突,人民群众日益贫困化与生产相对过剩并存,资本主义基本矛盾即生产社会化与生产资料私人占有之间的矛盾逐渐凸显。这个矛盾的阶级表现就是无产阶级反对资产阶级的斗争,阶级斗争是现代历史发展的直接动力。恩格斯还论述了政治斗争、阶级斗争、经济利益三者之间的关系,"一切政治斗争都是阶级斗争,而一切争取解放的阶级斗争,尽管它必然地具有政治的形式(因为一切阶级斗争都是政治斗争),归根到底都是围绕着经济解放进行的"②。对理解唯物史观而言,恩格斯有一个简明而深刻的概括,"一切重要历史事件的终极原因和伟大动力是社会的经济发展,是生产方式和交换方式的改变,是由此产生的社会之划分为不同的阶级,是这些阶级彼此之间的斗争"③。

二、丰富股份制"过渡点"论断

如果说恩格斯的研究旨趣仅仅在于发展和完善唯物史观,致力

① 《马克思恩格斯文集:第4卷》,人民出版社,2009年版,第304页。
② 《马克思恩格斯文集:第4卷》,人民出版社,2009年版,第306页。
③ 《马克思恩格斯文集:第3卷》,人民出版社,2009年版,第509页。

于为相对剩余价值理论提供社会历史发展的科学视域,显然是一种片面的、浅显的看法。恩格斯本人对相对剩余价值生产与实现可谓洞察深刻、不乏灼见,特别是对股份制这一全新的资本组织形式的把握既全面系统又深刻精到。恩格斯在《反杜林论》中认为,第一次工业革命带来生产力突飞猛进,生产的社会化程度越来越高,这就要求资本也相应社会化,"猛烈增长着的生产力对它的资本属性的这种反抗,要求承认它的社会本性的这种日益增长的必要性,迫使资本家阶级本身在资本关系内部一切可能的限度内,愈来愈把生产力当作社会生产力看待。……无论信用无限膨胀的工业高涨时期,还是由大资本主义企业的破产造成的崩溃本身,都把大量生产资料推向如我们在各种股份公司中所遇见的那种社会化形式"①。作为一种社会化的资本组织形式,股份制开始登上历史舞台并扮演着越来越重要的角色。股份制摒弃了以往单个资本家出资并直接管理企业的资本组织形式,在更大程度、更广范围承认了生产力的社会本性,顺应了社会化大生产的客观规律,在一定程度上缓和了生产社会化与生产资料私人占有之间的矛盾。在《1891年社会民主党纲领草案批判》中,恩格斯指出:"由股份公司经营的资本主义生产,已不再是私人生产,而是为许多结合在一起的人谋利的生产。…… 如果我们从股份公司进而来看那支配着和垄断着整个工业部门的托拉斯,那么,那里不仅私人生产停止了,而且无计划性也没有了。"②在此,恩格斯充分肯定了股份制对于发展现代社会生产力的强大杠杆作用,股份制的产生和发展反映了资产阶级对束缚生产力发展的生产关系做出了适当调整。然而,这并不意味着改变了资本主义生产的性质,更不能说已经转变为社会主义生产了,只是表明社会主义变革的物质前提更加成熟。恩格斯进而强调,我们要"把由个人或股份公司负责的资本

---

① 《马克思恩格斯全集:第20卷》,人民出版社,1971年版,第302页。
② 《马克思恩格斯全集:第22卷》,人民出版社,1965年版,第270页。

主义生产转变成由全社会负责和按预先确定的计划进行的社会主义生产,资本主义社会本身正在为这个转变创造物质条件和精神条件,唯有通过这样一个转变,工人阶级的解放,从而没有例外的一切社会成员的解放,才得以实现"①。

1883年马克思逝世后,恩格斯倾尽全力整理出版《资本论》第2、3两卷,这是实现马克思遗愿"压倒一切的义务"。恩格斯为此付出了艰苦卓绝的努力,做出了不可磨灭的贡献。恩格斯始终遵循对资本主义发展趋势的科学分析和社会主义最终必然代替资本主义的客观规律,并根据《资本论》第1卷出版后资本主义经济新变化新情况作了许多重要增补,特别是对关于股份资本和股份公司的观点进行了补充和阐发,坚持和丰富了相对剩余价值理论。列宁认为,"奥国社会民主党人阿德勒说得很对:恩格斯把《资本论》第2卷和第3卷出版,是替他的天才的朋友建立了一座庄严宏伟的纪念碑,在这座纪念碑上,他无意中也把自己的名字永远铭刻上去了"②。在《资本论》第3卷手稿中,马克思已阐述信用制度是股份公司产生的重要基础,股份公司的成立导致生产规模惊人地扩大,从而成为社会积累的有力杠杆。这个科学论断主要依据当时资本主义发展处于自由竞争阶段,股份公司的发展初见端倪。随着自由竞争阶段向垄断阶段过渡,频繁出现个别资本被垄断资本(采取股份公司形式)排挤的状况。恩格斯敏锐察觉到自由竞争业已穷途末路,垄断组织不可遏抑地发展壮大起来,"自马克思写了上面这些话以来,大家知道,一些新的工业企业的形式发展起来了。……这些形式代表着股份公司的二次方和三次方"③。恩格斯此处所说的新的企业形式就是卡特尔、托拉斯等垄断组织,这些垄断组织规模庞大,逐渐掌控社会经济各个领域,有

---

① 《马克思恩格斯文集:第4卷》,人民出版社,2009年版,第420页。
② 《列宁全集:第2卷》,人民出版社,1959年版,第8页。
③ 《资本论:第3卷》,人民出版社,1975年版,第494页。

的行业甚至出现了垄断全部生产与销售的巨型股份公司。恩格斯还在《交易所》中分析了交易所地位和作用的深刻变化，自从 1865 年《资本论》第 3 卷写成以来，"情况已经发生了变化，这种变化使今天交易所的作用大大增加了，并且还在不断增加。……这种变化在其进一步的发展中还有一种趋势，要把包括工业生产和农业生产在内的全部生产，包括交通工具和交换职能在内的全部流通，都集中在交易所经纪人手里，这样，交易所就成为资本主义生产本身的最突出的代表"①。这里的"交易所"，指的是以信用制度为媒介、以股份公司形式出现、在经济生活中作用越来越重要的垄断组织。在恩格斯看来，随着生产集中、资本集中和垄断的发展，股份公司这种全新的组织形式正席卷整个经济社会，"为了便于这样流来流去的大量货币资本得到使用，现在又在以前没有设立过有限公司的地方，到处都设立了合法的新式有限公司。……此后，工业就逐渐变成了股份企业。首先是现在需要巨额投资的铁业（在此以前是采矿业，不过还没有股份企业的形式）。然后是化学工业，以及机器制造厂。……商业也是这样。……在农业方面也有同样的情形。……现在，一切国外投资都已采取股份形式"②。如前所述，马克思认为资本主义股份公司"表现为通向一种新的生产方式的单纯过渡点"③。股份制标志着资本占有关系在资本主义制度范围内的日益社会化，是资本主义生产方式转化为联合的生产方式的过渡形式，为社会主义最终取代资本主义准备越来越充分的客观物质条件。恩格斯进而提出，随着股份公司不断扩展，"竞争已经为垄断所代替，并且已经最令人鼓舞地为将来由整个社会即全民族来实行剥夺做好了准备"④。

---

① 《资本论:第 3 卷》，人民出版社，1975 年版，第 1028 页。
② 《资本论:第 3 卷》，人民出版社，1975 年版，第 1029 - 1030 页。
③ 《资本论:第 3 卷》，人民出版社，1975 年版，第 495 页。
④ 《资本论:第 3 卷》，人民出版社，1975 年版，第 494 页。

第四节 短 论

本章紧扣相对剩余价值理论这条主线进行文本解读,主要撷取相对剩余价值理论发展过程中具有理论路标意义的经典文本。这部分内容最大的特点就是理论色彩浓厚,包含不朽名著《资本论》及其前后重要著述。科学实践观的形成和唯物史观的确立,在马克思思想发展过程中占有举足轻重的地位。马克思将唯物史观运用于政治经济学尤其是相对剩余价值研究的积极探索,每一次重大的研究进展都是对唯物史观的印证和深化。《1844 年经济学哲学手稿》使用异化劳动的研究范式,揭示了资本主义条件下劳动者同自己的劳动产品以及劳动本身的关系,主张通过扬弃异化劳动实现共产主义;《德意志意识形态》以唯物史观作为根本的方法论,不再沿用异化劳动这个概念,将批判的主题聚焦到资本主义条件下雇佣劳动的颠倒性,深入考察了雇佣劳动和资本之间的对立关系。异化劳动采取人本主义哲学的分析框架,更多停留在对人与物、人与人之间的颠倒关系的批判上;而雇佣劳动则紧紧抓住了劳动力商品这个剩余价值生产赖以进行的关键因素,从而能够深入剖析资本主义生产过程。针对蒲鲁东在唯心主义框架内分析机器应用的弊端,马克思在《哲学的贫困》中指出,机器作为最适合资本主义社会化大生产的技术形式,并非蒲鲁东所理解的经济范畴而应归属生产力,不能将机器和机器的资本主义应用等同起来。在《雇佣劳动与资本》中,马克思初步分析了相对剩余价值问题。个别资本家为了在激烈的同行竞争中脱颖而出,想方设法在扩大分工和改进机器两个方面下功夫,努力占据行业领先地位。然而,个别资本家难以独占独享这种先进技术,竞争者们自然不甘于落伍和被淘汰,他们纷纷出手、争相效仿。于是,一轮又一轮围绕分工和机器的竞争周而复始、接连上演。在此过程中,技术成为资本肆虐的得力帮凶,资本不断强化对雇佣劳动的奴役。

　　马克思将唯物史观作为研究资本和剩余价值问题的大视角、大逻辑，以资本主义社会为研究场域，从物质资料的生产领域着手，聚焦资本主义生产关系，深入剖析剩余价值的生产与实现，从而创立了相对剩余价值理论。《资本论》四卷分别从生产过程、流通过程、资本运动整体过程以及相对剩余价值研究史等方面予以考察，深刻阐明了资本主义生产方式的本质和目的。从资本家剥削工人更隐蔽、更有效的手段来看，资本家通过改进技术、扩大分工、优化管理等方式，提高劳动生产率，相对延长工人的劳动时间，从而最大限度攫取剩余价值。相对剩余价值生产将一切有利于社会化大生产的先进技术纳入直接生产过程，因而最能契合资本扩张增殖的本性，是资本主义生产最典型的组织方式。然而，对于相对剩余价值的理解，不能仅仅局限在狭义的生产领域。相对剩余价值的生产与实现贯穿着资本主义生产、分配、交换、消费全过程，展现了资本主义社会基本矛盾的发展演变和日趋尖锐，表明了资本主义社会终将被更高级的社会形态所取代的历史必然性。可见，相对剩余价值理论深刻揭示了资本主义生产方式在人类社会历史发展进程中的作用、界限和被扬弃的客观规律，既是马克思主义经济学研究的思想结晶，更是对唯物史观的丰富和发展。

　　马克思在《1857—1858 年经济学手稿》中论述相对剩余价值问题时，初步分析了协作、分工和工场手工业、机器和大工业等生产发展阶段的特征，强调绝对剩余价值生产在工场手工业阶段处于支配地位，到了大工业发展阶段相对剩余价值生产发挥主导作用。在《资本论》中，马克思深入考察了资本主义生产的各个发展阶段及其组织方式。马克思指出，分工协作与资本主义生产方式相伴而生，工场手工业是资本主义发展初期采取的社会劳动组织方式。随着绝对剩余价值生产的地位日渐式微，劳动过程中的技术条件和社会条件亟待变革，才能适应资本增殖的要求。工厂制度将机器和自然力纳入资本主义生产过程,使工人的劳动完全服从工厂的汽笛和机器的运转,从而最能体现相对剩余价值生产的要求,最大限度满足资本吮吸活劳动的欲望。在马克思看来,科学技术不仅是推动社会生产力发展的关键因素,更是"人的本质力量""最高意义上的革命力量"。然而,在资本主义条件下,科学技术却沦为资本增殖的手段,变成统治人、奴役人的异己力量。技术异化的根源在于资本主义制度本身,技术对人的奴役本质上就是人对人的奴役。只有废除资本主义私有制即扬弃机器生产活动的社会条件,机器才会摆脱奴役人、压制人的历史性角色,真正彰显作为人的本质力量的外化,人的生产活动才会真正成为自我实现、自由发展的本质活动。

恩格斯晚年的两部著作《家庭、私有制和国家的起源》和《费尔巴哈论》,尽管论述的具体内容完全不同,但写作意图却是高度一致的,就是要丰富和发展唯物史观,兼顾指导无产阶级革命斗争和澄清思想认识误区的双重需求。恩格斯坚定捍卫历史唯物主义的根本立场,坚持从社会历史发展的宏观视野来观察和分析资本主义经济现象,坚决抨击资产阶级学者大肆兜售资本主义制度永恒的谬论。不仅如此,恩格斯本人对相对剩余价值、股份资本等重要问题提出了许多卓越见解,这些理论贡献集中体现在他对《资本论》(主要是第 3卷)所作的增补中。马克思科学论证了股份制的资本组织形式对于促进社会生产力发展的重要意义,特别是有利于加快科技进步和提高劳动生产率,"集中在这样加强和加速积累作用的同时,又扩大和加速资本技术构成的变革,即减少资本的可变部分来增加它的不变部分,从而减少对劳动的相对需求"①。恩格斯循此继进,结合当时股份公司的蓬勃发展,更加深入地阐明了股份制与生产力的内在逻辑和辩证关系。股份制适应科技进步和生产力发展要求而生,资本

---

① 《资本论·第 1 卷》,人民出版社,1975 年版,第 688 页。

在股份形式上的巨大结合,正是在技术含量高、涉及范围广的项目中找到了直接的活动场所。股份制的重要功能在于破除资本积累时间缓慢的限制,迅速地、大量地实现资本集中,大大提高生产的社会化程度,从而推动生产力迅猛发展。在马克思看来,股份制是社会化大生产的产物,是资本主义社会内部孕育着的新社会因素、新的经济制度要素,能够成为资本主义生产方式转化为联合的生产方式的过渡点。恩格斯进而指出,正是股份制的创造和成就,为资本主义社会向新社会转变准备日益完备的物质和精神条件。

第三章

美国纳斯达克支持技术创新的启示

　　在美国,风险投资长期兴旺发展。硅谷活跃着一大批风险投资者,他们专注于在高风险中寻求高收益的机会。风险投资者投入的是真金白银,自然会对所投项目精心甄别和反复评估,以期发现真正有价值的项目。即便如此,风险投资者难以避免要承担技术创新及其市场应用的巨大风险。风险投资成功概率很低,时常会出现投入大量资金却打水漂的状况。但为数不多的成功范例会为风险投资者带来极为丰厚的回报,也塑造了许多伟大公司的崛起,从而实现真正的"双赢"。风险投资通过注资到中意的项目,换取一定比例的股份,不过,这种尚未变现的股权并非风险投资的终极目的。随着企业的发展壮大,其价值得到市场认可,成为资本市场投资标的,风险投资方才获得最佳退出途径,通过转让所持股份,实现远超投入的回报。美国纳斯达克市场为风险投资退出塑造了典范。美国纽约证券交易所与我国沪深主板市场有着很大的相似性,它们对上市公司的规模、盈利等方面要求非常高,从而将大量中小微企业拒之门外。恰恰是中小微企业很可能蕴藏着未来发展的巨大潜能,却往往因为得不到资本支撑而与成功失之交臂。正是由于市场上存在这种强烈的融资需求,纳斯达克应运而生,凭借其对中小微企业上市融资的包容度和弹性空间,迅速成为美国创新发展的重要引擎。

第一节　"硅谷奇迹"的现象与本质

　　世界著名科技创新中心硅谷(Silicon Valley)位于美国西部旧金山南端长约 25 英里的狭长谷地,惠普公司作为硅谷第一家高科技公司,其创业的车库被誉为硅谷发祥地。硅谷汇聚了惠普、英特尔、苹果、思科、谷歌、雅虎、eBay 等世界一流公司,成为全球高科技创业成功的伊甸园。美国硅谷的成功引起世界上许多国家和地区的热切追捧与积极效仿,一大批高科技园区纷纷建立,但大多只是徒具其形,未能收获预期的显著效果。"硅谷奇迹"产生的原因是多方面的,也是难以简单复制。以斯坦福大学为代表的加州高校建立了专业的高技术企业孵化器并积极推动科研成果商业化、市场化,硅谷真正的精髓是鼓励冒险、推陈出新、宽容失败的创新精神和创业文化,世界首屈一指的风险投资环境和充沛的风险资本为硅谷技术创新插上了腾飞的翅膀。

　　作为创新创业的发动机和助推器,风险投资在硅谷比在全世界任何地方扮演的角色都更为积极、更为有效,KPCB、红杉资本、NEA、Mayfield 等著名风险投资机构云集于此并不断缔造财富神话,硅谷成为最负盛名的中小高新技术企业成长的摇篮。W. 米勒提出:"在科学技术研究早期阶段,由于风险投资的参与和推动,使得科学技术研究转化为生产力的周期由原来的 20 年,缩短了 10 年以上。"[①]
John C. Dean 将硅谷喻为一个生态系统,风险资本好比氧气、水、养

---

　　①　刘曼红:《风险投资:创新与金融》,中国人民大学出版社,1998 年版,第 321 页。

分,是硅谷不可或缺的重要"原料";Thomas F. Hellmann 则认为,若将创业者比作硅谷的运动员,风险资本家就是教练员,他们选择参赛的运动员,指导并鼓励他们,为他们的成功创造有利条件。[①] 福里斯特提出,"企业资本家对硅谷的发展,起了关键性的作用。西海岸的风险资本,往往比较充裕。的确,这就是在这方面占首位的硅谷能够起飞的一个原因"[②]。萨克森宁认为,"风险资本产业是这个新型行业崛起的经济引擎。风险资本家们不仅是其关键的资本来源,而且也是当地社会及职业系统的中心人物"[③]。美国前总统里根在执政时指出,"以信息工业为主体的高科技产业,即将把美国带入一个新经济时代,这种跃进将主要由新创建的高科技公司带来,而高技术产业群发展的最重要的动力就是风险投资"。越来越多的人从硅谷的成功经验中形成广泛共识,一个体制健全、规范运作的风险投资市场是推动科学技术创新、发展和应用的重要条件。

一、风险投资价值发现、市场运作、择机退出机制

风险投资是指把资金投向蕴藏着较大风险的高技术开发领域,以期成功后取得高额资本收益的一种商业投资行为。其实质是通过投资于一个高风险、高回报的项目群,将其中成功的项目出售或上市,实现所有者权益变现,从而不仅弥补那些失败项目的损失,而且使投资者获得高额回报。[④] 风险投资就是将专业管理的风险资本以股权形式投向具有成长性的高技术企业,这对于促进科研成果商业化和高新技术产业发展具有举足轻重的作用。风险投资者甘愿承受风险进行投资,旨在寻找具有较大市场潜力的企业和产品,能够在市

---

① Dean J C《为硅谷革命加油》,李钟文、威廉·米勒等《硅谷优势:创新与创业精神的栖息地》,人民出版社,2002 年版,第 361－373 页。

② [美]汤姆·福里斯特:《硅海武士:日本信息技术产业称雄世界的故事》,吴士嘉、洪允息译,新华出版社,1996 年版,第 56 页。

③ [美]安纳利·萨克森宁:《地区优势:硅谷和 128 公路地区的文化与竞争》,曹蓬、杨宇光译,上海:上海远东出版社,1999 年版,第 12 页。

④ 胡海峰:《风险投资学》,首都经济贸易大学出版社,1999 年版,第 188－192 页。

场上快速茁壮成长。风险资本通过注资的企业首次公开上市（Initial Public Offerings，简称 IPO）或兼并与收购（Merge and Acquisition，简称 M&A）等方式实现退出，从而获得高额投资回报，并始终保持风险资本的流动性和活跃度。"二战"以后的技术创新热潮带来风险投资的长足发展，发达国家风险投资的持续兴盛也成为推动 20 世纪下半叶以来技术创新的关键因素。高投入、高风险、高收益是技术创新活动的显著特征，尤其对于处在创业阶段的高新技术企业而言，产品研发难度更大，资金需求量更多，市场不确定性也更强，而创业成功率却较低。正因如此，商业银行大多不会选择初创期的高新技术企业作为投资对象，风险投资这种新的科技与金融相结合的投资方式迅速兴起。风险投资以专业化的投资理念和投资方式，高效融合资金、管理、技术，加速高科技产品的商业化进程，成为企业技术创新的主要推力和中小微企业的孵化器。美国高新技术企业成长壮大，风险投资起到了关键的推动作用。有人将美国 20 世纪末低通胀下的经济高速增长归功于技术创新特别是信息科技的突破，认为风险投资对于富有前景的技术创新活动的支持是美国技术进步的主要原因之一，是否拥有一套完整良好的风险投资机制关系到一个国家经济的可持续发展。①

风险投资的目的十分明了，就是要获得高额投资回报，绝非一投了之、不闻不问。风险投资必须充分利用市场竞争机制，严格筛选出最具成长潜力和投资价值的项目，通过专业化和全方位的金融服务，帮助初创企业在最短的时间内创造最大价值。基于风险投资者视角，风险投资的一般模式为：风险投资者经过审慎的项目论证，尤其是对合作伙伴进行了解和评价之后，对风险企业投入一定资金获得相应份额的股权；投入大量时间和精力到风险企业的生产经营管理

① Kortum, S., Lerner, J. (2000), "Assessing the contribution of venture capital to innovation", *RAND Journal of Economics*, 31, 674-692.

之中,为风险企业提供增殖服务,推动企业迅速发展;根据风险企业的发展和资金需求状况决定是否追加投入以及再追加多少;适时促成风险企业上市或通过兼并收购的方式出售所持股权,实现投资回报。在此过程中,风险投资者不是消极无为的,而是以其拥有的专业知识和专业团队,积极主动参与风险企业的经营管理活动,使其能够稳步经营、迅速成长。风险投资不仅可以给所投资的企业提供资金支持,更为重要的是风险投资者专业化的管理经验,即具体通过公司战略决策、公司治理、资本结构和人力资源安排等,更好地提升企业的价值。[1] 这里也凸显出风险投资的专业性,风险投资者不仅要发挥自身在金融领域的知识素养和人脉资源来融资,注入风险企业;还要运用在技术和管理等方面练就的洞察能力、积累的丰富经验,帮助创业者制订发展方略、优化组织架构、加强财务管理、配备人力资源等,成为通晓金融、技术、管理的"多面手"。

究其本质,风险资本就是一种承担高风险、谋求高回报的资本形态。在硅谷,风险投资者每天都与风险为伴,遵循衡量与评价风险投资收益的拇指法则。[2] 为了降低风险,风险投资者在投资决策时必须尽量避免风险,杜绝轻率做出决定。风险投资者在做出投资决策之前,需进行严格的项目评估和市场筛选。在硅谷,风险投资公司通常要吸纳金融、管理人才,聘请科技界和产业界的资深人士作为投资顾问,设立科技和经济情报的收集、研究机构,定期对某个领域的技术和产业动向提出投资和经营的决策参考意见,然后由风险投资者根据市场吸收力、产品的独特性、创业者的管理能力、环境威胁抵抗

---

① Wang, C.K., Wang, K., Luc, Q. (2003), "Effects of venture capitalists participation in listed companies", *Journal of Banking and Finance*, 27, 2015-2034.

② 拇指法则,亦称大拇指法则、大拇指定律。在硅谷,风险资本所投资的创业企业有着一个不太精确的经验定律,每十个风险资本所投入的创业公司中,平均会有三个企业垮台;三个企业会成长为一两千万美元的小公司并停滞在那里,最终被收购;另外三个企业会上市并会有不错的市值;其中的一个则会成为耀眼的企业新星,并被称作"大拇指"。

能力等多方面对项目进行筛选。虽然风险投资者每年都会收到大量寻求投资的商业计划书，但真正能进入风险投资者"法眼"的却为数不多。风险投资的决策过程，实质上就是对高新技术项目进行大浪淘沙、市场筛选的过程。严格的项目评估过程使得任何一种有广阔前景、附加值高的技术，甚至仅仅是一种创意时都会得到风险投资者的青睐和资助，进而实现商业化、产业化。同时，风险投资的高回报率强化了投资者之间的竞争，并突出了市场决定的功能。

二、发达资本主义国家相对剩余价值实现形式

在美国硅谷，须臾不停推动技术创新展现得淋漓尽致，现代化的分工与协作得到极佳的诠释。十分贴切地说，摆在硅谷企业面前的只有两条路：要么创新，要么倒闭。正如梅耶所言，"硅谷产品的生命周期只有短短的六个月。这意味着如果你不是不断地研制新产品，你就只有待在一边，没有东西可卖。高科技领域成果的产品价格从产品研制出来之时的价格到其生命结束时的价格一路下滑。其下滑程度几乎是每一季度达 25％（更经常地，每年都是这个数）。……关于边际利润，美国硅谷中流传着这样一个笑话：犹如正在下滑的电梯。撞对了窗口，就会把你从下滑的电梯中带回到顶端，而在电梯的顶端，你能赚到无以数计的金钱；如果你来晚了，那你就只能挣扎着挣一点点小钱。这种环境无条件地要求创新。在硅谷，没有创新，就难于生长，不生长，就得死。创新是要求，不是选择"①。硅谷的产业密度高度集中，产业集群中的企业基于追逐超额剩余价值的内在驱力，不断通过技术创新以降低成本、提高产品附加值、增强市场竞争力，持续推动产业集群的演化升级。率先实现技术创新的企业凭借先发优势获得超额剩余价值，随后跟进的群内企业借助于频繁高效的知识流动和技术扩散，竭力缩短与率先创新企业的技术差距，其结

---

① ［美］克里斯托弗·梅耶：《创新增长——硅谷的启示》，梁淑玲译，吉林人民出版社，1999年第 38 - 39 页。

果是一众企业普遍从中受益;率先创新企业为继续获得超额剩余价值,仍想方设法擎起技术创新大旗,创新成果又会通过扩散和互动普及开来,如此水涨船高、螺旋上升,整个产业集群的知识存量和创新能力均随之长进;交流密切的集群创新网络大大推动了群内资源的优化整合,产业集群迸发持续创新、协同创新的活力,产生系统叠加的非线性效用。与此同时,产业集群发展过程中不可避免出现因创新刚性、动态适应性不足导致的创新停滞问题,这就要求产业集群积极适应外部市场环境变化,强化集群创新网络与外部网络的联通互动,企业及时摒弃高度趋同的群体性思维,紧贴市场需求,有选择地发展相应的创新方向,从而为集群企业技术创新乃至集群升级提供持续动力。随着开放式交流的增进,企业与集群内外的协同合作有效降低创新风险、提高创新效率,然而具备更高层次创新能力的企业总是受超额剩余价值驱动,通过率先创新打破原先的创新均衡和网络均衡,拉大企业之间的创新差距,激发创新主体关系的新一轮重构。此即产业集群抑或现代化分工与协作视域下相对剩余价值的实现形式。

我们可从理论渊源做如下追溯。伴随工业革命的兴起,劳动分工日益进入经济学研究者的视野。"现代经济学之父"亚当·斯密直观感受到工业化初期生产分工和专业化生产引致的高效率,他在1776年出版的扛鼎之作《国富论》开篇就将劳动分工引人注目地推送出来,这对其后古典经济学家们的研究主题产生了广泛而深远的影响。斯密以当时人们熟知的制针业为例,通过数据分析得出人们易于理解的结论,在有细致分工的制针工场中,制针工人的生产效率是那些独立制针者的240倍,这种令人震惊的变革正是分工的结果。斯密认为,劳动分工是经济生活的核心现象,是国民财富增进的源泉。正如熊彼特所说,"不论在(斯密)以前或以后,没有任何人曾经认为分工起到如此重要的作用,在亚当·斯密那里,它几乎是作为经济进步的唯一的因素"①。李斯特更是形象地评述道,"一个初出茅庐的演员(他的书出版时,他在政治经济学方面所处的地位就是这样),如果在登场第一幕就显一下身手,博一个满堂彩,那么后来几幕即使平平而过,也比较容易获得谅解;他是蓄意要把分工原则作为书中的绪言与读者见面的。斯密的打算没有落空,他那部大作的开宗明义第一章就使他站稳了脚步,成为经济学权威"②。斯密从避免工种转换造成时间损失、提高工人的劳动熟练程度、推动发明更多先进工具机械等三个方面,系统阐述了分工的重要意义。他甚至认为:"劳动生产力上最大的增进,以及运用劳动时所表现的更大的熟练、技巧和判断力,似乎都是分工的结果。"③斯密不仅深刻揭示分工对于提高劳动生产率的重要意义,还深入剖析了产生分工效率的原因。他将分工分为三种:一是企业内分工;二是企业间分工,即企业间劳动和生产的专业化;三是产业分工或社会分工。斯密所分析的第二种分工形式实质上是企业集群形成的理论依据。正是由于这种分工,企业集群才会具有无论是单个企业还是整个市场都无法具备的效率优势。企业集群保证了分工与专业化的效率,与此同时还能将分工与专业化进一步深化,反过来又促进了企业集群的发展。

马克思十分重视分工在推动生产力发展尤其是相对剩余价值生产中的重要作用,强调"分工是一种特殊的、有专业划分的、进一步发展的协作形式,是提高劳动生产力,在较短的时间内完成同样的工作,从而缩短再生产劳动能力所必需的劳动时间和延长剩余劳动时间的有力手段"④。马克思认为,生产组织方式的选择必须满足降低

①《新帕尔格雷夫经济学大辞典:第1卷》,经济科学出版社,1992年版,第978页。

② [德]弗里德里希·李斯特:《政治经济学的国民体系》,陈万煦译,商务印书馆,1961年版,第119页。

③ [英]亚当·斯密:《国民财富的性质和原因的研究(上卷)》,王亚南译,商务印书馆,1972年版,第5页。

④《马克思恩格斯全集:第32卷》,人民出版社,1998年版,第301页。

个别价值的目的,否则,资本增殖的目标将难以实现。所以当事实证明新的生产组织方式——分工与协作具有更高的生产率时,采取这种生产组织方式就成为资本家的普遍行为,以便利用分工的优势降低成本。马克思认为,建立在协作基础上的企业生产,可以产生比分散生产更大的效率。产生合力效应的原因在于:第一,协作性的集体生产在相同产量的条件下比分散生产节约了占用的空间;第二,在交货期临近或其他紧急情况出现时,集中生产并完成较大的生产量;第三,在集体生产的环境中,个人能力可以通过劳动效率间的差异表现出来,努力争先的竞赛提高了生产率;第四,把不同的生产环节容纳在一个企业中,有利于管理和控制,可以保持生产的连续性和比例性;第五,协作性的集体生产提高了生产资料的利用率。总之,对高效率和低成本的追求,成为产业集群得以形成并蓬勃发展的内在动因和持续驱力。

产业集群(Industrial Cluster)首见于迈克尔·波特的《国家竞争优势》,波特教授通过对若干工业化国家经济发展的考察和分析,认为产业集群是工业化进程中的普遍现象,代表着介于市场和等级制之间的一种新的空间经济组织形式。波特指出,群是长期竞争优势的重要来源,群内企业能够更加方便地获得技术、人才、信息、设备等资源,频繁的互动交流使创新更加容易,技术溢出给彼此带来利益。产业集群是新企业的"助产士",投资者更容易捕捉市场机会,创业者更容易察觉产品和服务的缺口,受到启发建立新的企业、开发新的产品、提供新的服务。无疑,硅谷成功的一个重要因素就是高度集中的产业密度,产业集群持续不断地为企业改革创新提供动力,对产业的竞争优势产生了广泛而深远的影响。安纳利·萨克森宁对硅谷崛起进行了专题研究并著《地区优势:硅谷和128公路地区的文化与竞争》一书,提出硅谷繁荣发展的深层原因在于具备更适合高新技术企业发展的机制和文化,产业集群造就了硅谷创业和成功的肥沃土壤。

他指出:"即使在强大的竞争压力下。内在的忠诚及对优势技术的共同协议也把本行业的成员们团结起来。本区的公司都在竞争市场份额和技术领导地位,同时它们又都依赖这个地区独树一帜的合作实践。'硅谷悖论'在于竞争需要不断创新,而创新反过来又需要公司间的合作。"①孕育技术创新的组织平台范围十分广泛,从具有创新力的个人开始,其次是组织,组织中最小的单元是具有创意的专案团队,再大一点就是厂商,再大就是产业聚落,如美国硅谷。硅谷集中了大量高度分工、相互交融的产业元素,是世界上最大的信息产业集群,综合聚集效应迸发,规模经济优势凸显,从而形成世界上最强大的技术交流网络和最发达的技术扩散机制。从资本扩张增殖来看,产业集群是社会化大生产的高级组织形式,是现代化分工与协作的集中展现,深度契合相对剩余价值生产与实现的内在逻辑。产业资本要素受规模经济驱动而不断汇聚在一定地理区域,核心要义是创新因素的集聚和竞争动力的增强,群内企业通过同业竞争和互动交流更好地实现知识外溢、信息外溢、技术外溢,从而对技术创新产生极大的促进作用。

第二节 纳斯达克:技术创新的强力引擎

高科技产业的蓬勃发展,除了高新技术本身之外,资本市场的强力推动不可或缺。高科技公司在初创期面临的技术风险和市场风险都很大,市场对新技术新产品的接受程度是未知数,因而融资途径受限、融资方式单一,主要依靠风险投资提供资金帮助。当企业发展到一定阶段,风险投资逐步退出,高科技企业亟须以募集新股、公司重组等方式进入资本市场。公司上市既是通过资本市场筹集资金的重要方式,更是创业获得回报的重要手段和激励创业者的主要动力。

---

① [美]安纳利·萨克森宁:《地区优势:硅谷和128公路地区的文化与竞争》,曹蓬、杨宇光译,上海远东出版社,1999年版,第51页。

由于大多数硅谷公司上市时尚未实现盈利,没有资格在纽约证券交易所上市,美国 1971 年全国证券交易商自动报价系统(NASDAQ)股票市场的建立,为硅谷公司上市创造了有利条件。微软、苹果、思科、甲骨文、戴尔等一批高科技企业正是通过纳斯达克市场融资获得飞速发展,一跃成为世界闻名的大企业。与纽约证券交易所服务对象以传统工业企业为主不同,纳斯达克市场主要为具有高成长性的中小企业和高科技企业提供融资服务,是对原有资本市场的重要补充,形成优质上市资源更替换代的重要机制。不仅如此,纳斯达克市场还强化了证券交易所之间的竞争关系,有利于提高资本效率、降低融资成本、提供更加完善的服务。实践证明,纳斯达克市场在美国高效的创新体系中一直扮演着十分重要的角色,被誉为"美国新经济的摇篮",对于促进企业技术创新和高科技产业发展起到了非常关键的作用。正如纪录片《华尔街》所述:从华尔街流淌出来的金钱打通了美国最长的运河,铺设了全球最大的铁路网,点亮了世界第一盏电灯……其地位和贡献可谓非同凡响。

一、搭建高新技术项目辨识平台

对技术创新进行投资,既要预防和对冲不确定性带来的流动性约束,又要克服投资者自身与技术研发者之间的信息不对称。事实上,技术创新的信息成本与对冲不确定性需要的流动性成本非常高,仅靠内源性融资难以满足技术创新的需求,必须有优质高效的金融安排来保障技术创新的导向,特别是通过资本市场这个无形的手筛选高新技术项目。资本市场大浪淘沙、优胜劣汰、好中选优,是科学调整和优化配置金融资本的极为重要的渠道。高科技企业从资本市场筹集资本用于研发和经营,以产品或服务的形式将技术成果投放市场获得收益。一方面,经得起市场检验的优秀高新技术项目脱颖而出;另一方面,参与的资本获得相应回报,这是一个良性循环的过程。在信息化时代,高科技企业的孕育和发展呈现出与传统企业迥然不同的特点，技术含量高的企业往往具有惊人的增长潜力。美国纳斯达克市场自创立之初就敏锐捕捉并积极适应了这一时代特征，纳斯达克大大降低企业规模、既往盈利等上市标准，更加包容、更加多样化、更加体现市场导向、更加注重企业的发展前景，鼓励和扶持新兴高新技术企业上市融资，迅速成为新经济、新产业、新商业模式最佳的"赛马场""选秀池"。纳斯达克的"低门槛"，使得为数众多的高成长性科技企业，尽管远未达到银行贷款条件和传统上市要求，但凭借自身的市场潜力和价值预期筹集到足够的发展资本。纳斯达克对公司上市的财务指标要求相对宽松，并不意味着放松监管、放任自流，而是始终坚持降低上市门槛与强化市场监管并重并行，制定了较为严格的公司持续上市标准，促使上市公司完善治理、规范运作、提高质量，不折不扣执行全方位的信息披露规定，不断增强公司财务的透明度，最大限度保护投资者的利益。

纳斯达克对高新技术项目的辨识筛选和风险管理，很大程度上得益于其健全的分层制度、灵活的转板机制、混合型做市商制度和严格的退市制度。为持续激活整个市场的流动性，纳斯达克内部历经两次分层细化（即：1982 年第一次分层，分为"全国市场"和"常规市场"，1992 年"常规市场"被正式命名为"小型资本市场"；2006 年第二次分层，分为"全球精选市场""全球市场""资本市场"。有学者提出三次分层说，将 1975 年纳斯达克制定第一套上市标准、区别于 OTC 市场成为独立的证券交易场所作为一次分层。笔者认为此举应是纳斯达克在性质和地位方面的一次重要变化，并不能视为一次真正意义上的市场分层）。纳斯达克的分层管理旨在从低层次市场挖掘潜力公司、为高层次市场提供潜在的优质资源，2006 年 2 月确立并延续至今的"全球精选市场""全球市场""资本市场"由高到低的三个层次，进一步优化了市场结构，有效发挥了市场遴选企业的功能，满足了不同类型、不同规模、不同特征企业的融资需求，大大提升了高层次股票的流动性和估值,同时也对较低层次的市场形成有效激励。同时,各层次市场之间建立了灵活的转板机制。在低层次市场中得到成长的公司,一旦满足高层次市场的相关上市条件,即可通过较为简单的程序到高层次市场上市;不满足高层次市场维持上市标准、但满足纳斯达克"资本市场"要求的,可以申请在纳斯达克"资本市场"挂牌。也就是说,纳斯达克分层制度建立了一个逐渐优化的企业动态成长路径,制造了更多的IPO及转板机会,为挂牌企业提供更具针对性的服务。纳斯达克交易制度经历了由单一的传统竞争型做市商制度到"竞价交易制度+竞争型做市商制度"混合模式的演变。做市商制度是指由具备一定实力和信誉的法人充当做市商,不断向投资者提供买卖价格,并按其提供的价格接受投资者的买卖要求,以其自有资金和证券与投资者进行交易,从而为市场提供即时性和流动性,并通过买卖价差实现一定利润。竞价交易制度的价格形成机理为指令驱动(Order-driven),做市商制度则是报价驱动(Quote-driven)。以是否具备竞争性为根据,做市商制度分为两种类型:垄断型的做市商制度(典型代表为纽约证券交易所,每只证券有且仅有一个做市商)和竞争型的做市商制度(典型代表为纳斯达克市场,每只证券有多个做市商,且在一定程度上允许做市商自由进入或退出)。传统做市商制度的最大缺陷在于,做市商往往利用自身做市的优势地位侵害其他投资者的权益。于是,美国证监会1996年8月推出并于次年执行新的委托处理规则OHR(Order Handling Rules),将竞价交易方式引入纳斯达克市场,实现由竞争型做市商制度向混合型做市商制度的过渡,逐步解决了做市商利用信息优势进行垄断交易、联合报价的弊端,交易透明度的增加促进投资者积极参与市场交易,进一步激活了市场流动性。严格的退市制度是成熟资本市场的重要制度设计,发挥着"过滤器"作用,确保上市公司的质量,彰显优胜劣汰的市场竞争法则。当上市公司不再具备交易条件,不能或不愿遵从交易规则，继续留在市场只会徒增交易成本时，就要从资本市场中排除出去。纳斯达克的退市制度包括主动退市（自愿退市）和强制退市（被动退市），主动退市是指上市公司出于自身利益考虑向证券交易所提出退市申请，强制退市则是由于上市公司不再符合挂牌条件而被勒令退市，无论是哪种退市方式都必须严格遵循法定程序。在纳斯达克有个司空见惯的现象，企业挂牌的速度很快，退市的速度更快，每年都有大量公司退市甚至有的年份退市公司数量超过上市公司数量，这也折射出纳斯达克退市制度的有效性。

纳斯达克高效的项目筛选功能还在于充分展现风险投资强烈的逐利动机和耐受高风险的鲜明特征。风险投资以股权投资（equity investment）方式进入初创企业，不但为企业提供资金支持，更在企业不同的成长阶段为其提供战略规划、治理结构、人力资源分配等增值服务。高科技项目的高回报特点深度契合追逐高盈利的风险投资，"与资本积累和资本集中不同，风险投资是解决高新技术创新对资本的需求与供给缺口之间矛盾的新制度安排。在高额利润的诱导下，资本放弃了矜持，主动与有发展前景的科技创新或新颖的观念联姻，创造了一种有别于传统模式的投资方式和企业发展模式。资本承担高风险，得到与之相应的高收益；具有发展潜力和赢利能力的高技术企业可以得到风险资本家的投资，避免了漫长的资本积累阶段，摆脱了资本瓶颈的制约，有实现超常规发展的可能。这推动了高新科技产业的发展并为经济增长提供了新的动力。风险投资行为和科技创新行为在一个比较高的层次上结合起来"①。美国是风险投资的发源地，也是世界上风险投资最发达、相关法律制度最完备的国家。英国前首相撒切尔夫人曾说："欧洲在高科技及其产业方面落后于美国，并不是由于欧洲的科技水平低下，而是由于欧洲在风险投资方面

---

① 陈钰、尹志锋：《美国纳斯达克市场的宏观经济效应分析》，载《湖北社会科学》，2011 年第 6 期，第 92 页。

落后于美国 10 年。"①风险投资者面向既有巨大成长潜力、又有很高失败风险的高科技项目投资,自始抱着高回报的强烈渴望;高科技企业的创业者们对企业愿景有着强烈企盼,二者的有机融合促进企业蓬勃发展。纳斯达克市场重在扶持和培育极具创新精神的初创企业,凸显了资本市场对优质企业的筛选和发现,只有那些符合乃至引领市场需求的创新项目才会受风险投资者的青睐,才能通过资本市场被广大投资者赏识。同时,风险投资者也倾向于选择那些创新中的佼佼者,通过市场化方法将其引入资本市场,风险投资由此获得高额回报的良机。这种共赢的模式直接引致技术创新与资本市场之间的互动互促,推动了美国经济的持续繁荣。

二、塑造风险投资功成身退典范

根据美国风险投资协会的定义,风险投资是指由专业投资者投入到新兴的、迅速发展的、有巨大竞争潜力的企业中的一种权益资本。风险投资关注的是那些代表朝阳产业的企业,具有高度创新内涵的企业,能够迅速增长的企业,能够给风险资本带来丰厚利润的企业。风险投资的核心就是创新,以非公开权益资本投入创新,帮助创新实现其商业价值,最终从成功企业退出获利。如果企业没有创新意识、产品没有创新内涵,就无法适应变幻莫测的市场,就不可能获得风险投资的帮助。风险投资往往投向初创企业,有的企业初具雏形,有的尚处产品试验期,有的甚至停留在创意酝酿、技术酝酿阶段,可谓前途未卜,蕴含的风险和收益都很高。事实上,风险投资的高风险是必然的、确定的,但高收益却是可能的、不确定的,准确地说,风险投资的鲜明特点应为高风险、高收益预期。然而,只要具有潜在的高收益,就有望进入风险投资的视野,这深刻反映了追逐超额剩余价值的强烈动机,因为"高新科技往往成为一种市场再进入的障碍

---

① 李月平、王增业:《风险投资的机制和运作》,经济科学出版社,2002 年版,第 9 页。

(barrier to entry)，使得该项目在一定的时间内具有市场垄断地位，以保证企业家及投资人获取高额利润，而专利既是科技知识产权的保证，又是具有专利的高新科技项目的市场垄断地位的保证"①。

　　风险投资的本性就是追求高回报，与传统投资单纯分享投资项目利润截然不同，风险投资形成资本运作的循环，从筹集资本到投入资本，从投入企业后的积极参与到被投企业成功后的择机退出，从原始资本到增殖后资本，如此周而复始，风险资本在不断循环中最大限度实现价值增殖。风险投资者将资本投入企业成为其股东，当企业发展到一定阶段，风险投资者会选择最佳的时机和方式变卖股权，从被投企业退出以实现资本增殖或止损。风险投资赖以生存的根本在于资本的高度周期流动，高效顺畅的退出机制是风险资本流动的关键环节，风险投资最终以项目退出成败论英雄。在实践中，绝大多数风险投资者选择推动被投企业公开上市，或促使其被大公司收购，从而实现风险投资的回收变现。一般而言，风险投资退出的方式或渠道主要有四种：公开上市、兼并与收购、股份回购、破产清算。公开上市的退出方式是指风险企业经过培育符合公开上市条件，改组为上市公司，经过必备程序在资本市场挂牌交易实现股权转让。在风险企业扩张阶段，仅靠企业自身积累和风险投资注入是远远不够的，公开上市能为风险企业筹集大量资本以增强其流动性，同时也为风险投资提供了一条绝佳的退出路径。兼并与收购是风险投资退出的常用方式，风险投资者在恰当时机通过并购的方式卖出自己在风险企业的股份。其中，兼并是指一家实力较强的公司与其他公司合并组成新公司，实力较强的公司占主导地位；收购则是企业通过资本市场购买目标公司的股份或购买目标公司的产权从而控制目标公司。由于企业上市及其股票升值均需耗费时间（况且，也不是所有企业都能

---

　　① 刘曼红、Pascal Levensohn：《风险投资学》，对外经济贸易大学出版社，2011年版，第19页。

符合上市条件），并购退出的优势在于立即收回投资，有效降低投资风险，因而对风险投资者产生较强的吸引力。股份回购指的是，当风险企业成长为有一定发展潜力的中型企业，但仍达不到公开上市的条件，可以按照有关约定采取创业者回购风险投资者股份或风险企业回购风险投资者股份的方式实现风险投资的退出。一般来说，在风险资本投入时投融资双方就已签订好关于股份回购的协议，包括回购的条件、价格、时间等。在发达国家的实践中，股份回购已成为风险投资退出的一条重要途径，尽管通过股份回购实现的投资收益大大低于公开上市的退出方式，但毕竟降低了投资风险，更能体现保障性。破产清算是在风险企业成长性匮乏、难以达到预期前景的状况下，风险投资迫不得已采取的退出手段。这种方式虽然可能造成一定损失，但与沉淀在风险企业中的机会成本相比，既是及时止损的无奈之法，也是壮士断腕的毅然之举，风险资本只有竭力避免深陷泥淖，才能转而谋求新的更好的投资机会。

在风险投资各种退出方式中，公开上市的投资回报率最高。上市成功使风险企业股权隐性的价值显性化，增值潜力巨大，是风险投资退出的首选之策。风险资本的 IPO 退出机制，是以交易市场为核心的诸因素构成的综合体协调运行的结果，离不开市场体系、市场功能、运行规则、运行监管等各方面的建设与完善。公开上市的场所，既可以是主板市场，主要针对符合主板市场标准的企业；也可以是二板市场（又称创业板市场），主要为中小成长型企业提供金融服务。较之主板而言，二板市场上市条件相对宽松，企业入市门槛较低，更适合新兴的中小企业特别是具有巨大增长潜力的高科技企业。美国纳斯达克市场是迄今全世界最发达、最成熟、最成功的二板市场，助力越来越多的中小企业解决融资难题，也是风险资本周期性流动的"润滑剂"。在纳斯达克市场，投资的主体是机构投资者。由于在纳斯达克上市的公司具有较高的成长性，那些看好企业长期发展的大型机构投资者愿意积极投资纳斯达克市场股票。纳斯达克通过对企业资产进行市场化定价，为风险投资者提供卖出股权的渠道，吸引和激励更多的风险资本注入初创型高科技企业，从而有力地促进了企业技术创新。纳斯达克市场自创建以来，一批又一批风险企业在此首次发行股票上市，这里也是美国风险投资撤出的最主要市场，众多风险投资者和高科技企业家一夜暴富，造富传奇一再涌现，创业神话频频上演。

第三节　短　论

　　美国硅谷是高科技企业创业孵化的摇篮，风险投资与技术创新深度融合的模式已成为世界高科技发展的典范。初创型高科技企业具有知识和技术高度密集的显著特点，是科技活动最频繁、技术创新最活跃的企业群体，更是影响创新能力和经济发展不可忽视的力量。由于初创型企业规模小、不确定性大、信息不对称严重、代理成本高，几乎不可能从银行获得贷款。在支持初创型企业成长中，风险投资发挥了至关重要的作用。风险投资能够对具有高度不确定性和信息不对称性的初创企业进行筛选，并监督企业的研发和创新，促进企业持续加大研发投入力度，开发引领乃至创造市场需求的产品和服务。Kortum 和 Lerner 通过研究发现，风险投资活动会使企业专利注册量大幅增长，而且相比于没有风险投资支持的企业，这些企业的专利质量更高，被更加广泛地引用，其研发活动也更加密集。[①]　风险投资不仅能给初创时期的高科技企业带来发展急需的资金，也能为风险企业提供经营管理和市场运作等方面的丰富经验。正如萨克森宁所说，"风险资本家们为注资的企业带来技术技能、操作经验和行业接触的网路以及现金资本。硅谷的风险资本家们卷入企业的程度是不

　　[①] Kortum S, Lerner J. *Assessing the contribution of venture capital to innonation.* RAND Journal of Economics, 2000, 31(4)：674 - 692.

同寻常的,他们在经营计划和战略方面为企业家出谋划策,帮助寻找共同的投资者,招募重要的经营管理人员,并在董事会中供职"①。由于高科技企业的创业者往往缺乏企业管理历练,风险投资者积极参与对高科技企业的管理,协助筹划后续融资,帮助企业制定发展战略和市场营销计划,监控企业经营和财务状况,有效地利用风险投资者的专长、经验和公共关系,帮助高科技企业顺利发展。

　　风险投资是一种高度专业化的循环性投资,在循环中增殖,在循环中变现。风险投资的使命和意义就在于发挥孵化专长,实行资本与管理"双管齐下",鼎力扶持那些有高成长潜力的企业。因此,风险资本本身必须具备一定的流动性,才能持续不断地扶持新企业。风险投资的一切活动都围绕退出这一目标,退出既是过去的风险投资行为的终点,又是新的风险投资行为的起点。如果风险投资缺乏退出机制,风险资本在达到预期增殖目的后难以变现,这种增殖就仅仅是账面上的增殖,还没有转换为实际收益的增长。退出不畅导致风险投资陷入停滞状态,无法再谋求新的投资机会,也就失去了存在的价值。风险投资与一般投资的回报模式不同,一般投资者投资一个企业,往往伴随该企业较长时间,其收益大多来自企业的赢利;而风险投资者通常不指望从企业的盈利中获取收益,而是通过孵化使小企业迅速变大变强,然后择机将所持股权卖出,从而获得高额的投资回报。比较风险投资诸种退出渠道可见,发行股票上市的投资回报率最高,风险企业被兼并收购能够迅速收回投资,股份回购是风险投资收回的基本保障,破产清算则是及时止损的有效方法。

　　美国许多著名高科技企业如微软、英特尔、苹果、亚马逊等在发展初期都有风险资本扶持,风险投资为这些企业的超常规发展提供了巨大的推动力。风险投资对于拓展企业融资路径、优化金融资本

---

　　① [美]安纳利·萨克森宁:《地区优势:硅谷和128公路地区的文化与竞争》,曹蓬,杨宇光译,上海远东出版社,1999年版,第44页。

配置、完善科技创新体系乃至促进产业结构和经济结构调整、增加国民财富的重要作用，已为人们普遍认同。美国纳斯达克市场为风险投资开辟了极佳的退出渠道，风险投资高度活跃，不断抚育极具创新精神的初创型企业。在市场经济条件下，风险投资的发展主要依靠市场主体和市场力量的推动，然而，仅仅如此尚不充分。由于风险投资本身的特性以及"市场失灵"的存在，仍需政府在完善政策措施、优化发展环境、科学引导预期等方面发挥重要作用。20世纪90年代，以信息技术为代表的美国高新技术产业高速发展，纳斯达克市场也经历了空前活跃和繁荣的时期。新经济给投资者以无穷无尽的想象空间和无可比拟的心理预期，尽管许多前景是"未来的"甚至只是"概念化的"，"理性繁荣"日益演变为"非理性繁荣"。纳斯达克市场一度充斥莺歌燕舞、市值急剧攀升，泡沫成分不断扩大，风险也在持续累积。伴随网络经济泡沫破灭，纳斯达克指数急速下挫，上市公司纷纷遭遇"滑铁卢"，其结果便是美国经济增速减缓，投资者财富缩水。

硅谷强力驱动技术创新的实质是现代化分工与协作视域下相对剩余价值的实现形式。硅谷和纳斯达克是为创新的标杆与典范，但并不是孤立的，而是更大的创新生态系统的有机组成部分。技术创新具有全球性，各种创新要素在世界范围内自由流动，自发地向更有利的生存环境迁徙。因此，必须以更广阔的视野来审视技术创新与资本市场的关系，只有在鼓励合作、包容多样性的环境下，技术创新才能不断取得更好发展。在全球科技与经济深度融合的今天，任何形式的单边主义、贸易保护主义都与经济全球化格格不入，与包容性发展背道而驰。

第四章

社会主义市场经济中的相对剩余价值

　　马克思在《资本论》中不仅揭示了剩余价值范畴在资本主义制度下的特殊表现形式,而且特别强调了剩余价值作为一般范畴存在。马克思深刻指出,"资本——而资本家只是人格化的资本,他在生产过程中只是作为资本的承担者执行职能——会在与它相适应的社会生产过程中,从直接生产者即工人身上榨取一定量的剩余劳动,这种剩余劳动是资本未付等价物而得到的,并且按它的本质来说,总是强制劳动,尽管它看起来非常像是自由协商同意的结果。这种剩余劳动体现为剩余价值,而这个剩余价值存在于剩余产品中","只不过它在资本主义制度下,像在奴隶制度等等下一样,具有对抗的形式,并且是以社会上的一部分人完全游手好闲作为补充"①。但是,"如果我们把工资和剩余价值,必要劳动和剩余劳动的独特的资本主义性质去掉,那么,剩下的就不再是这几种形式,而只是它们的为一切社会生产方式所共有的基础"②。在以商品经济为基础的社会形

---

① 《资本论:第3卷》,人民出版社,1975年版,第925页。
② 《资本论:第3卷》,人民出版社,1975年版,第990页。

态中,剩余劳动生产的剩余产品在价值形式上必然表现为剩余价值。当今时代,资本主义市场经济和社会主义市场经济中的生产均处于商品化之中,剩余劳动生产的剩余产品都采取价值形式,因而都存在剩余价值。

当我们剥去剩余价值生产的资本主义外壳,相对剩余价值理论的核心内容和逻辑主线就是"企业—部门—社会",即通过推动企业技术创新与技术进步,将先进技术和管理方法运用于直接生产过程,着力提高劳动生产率,从而在激烈的市场竞争中占据领先地位。通过个别企业的创新活动和比较优势,引领整个部门竞相发展,进而使社会劳动生产率普遍提高。伴随科技成果加速转化为现实生产力,经济增长和社会发展就会获得持续有力的驱动和支撑。社会主义生产资料公有制的确立,摒弃了资本主义生产关系的狭隘性和保守性,从制度层面铲除了技术异化的根源,为彰显劳动者在生产过程中的主体地位、充分发挥科学技术第一生产力作用开辟了无限广阔的空间。在社会主义市场经济条件下,我们不仅要深刻认识相对剩余价值存在的必然性,更要在新的实践中运用和发展马克思相对剩余价值理论,努力创造比资本主义更高的生产力,充分展现社会主义制度的优越性。

第一节　深刻把握我国资本市场"新兴加转轨"特征

我国资本市场历经多年发展,通过成功实施上市公司股权分置改革、深化股票发行体制改革、开展证券公司综合治理、大力发展机构投资者、加强资本市场法制建设、持续强化市场监管、建立和完善多层次资本市场体系等一系列重大举措,上市公司数量、总市值、投资者开户数、融资金额等方面均取得骄人成就,资本市场与国民经济发展的契合度日益增强,国民经济发展"晴雨表"功能得以彰显,在世界金融市场上的影响力持续提升。但总体来看,"新兴加转轨"仍是我国资本市场的阶段性特征。"新兴"意指我国资本市场还处于发展初期、与国外成熟市场数百年的发展相比存在较大差距,主要表现在市场基础建设依然薄弱、市场体系仍不够健全、诚信文化发展相对滞后、理性投资理念尚未完全确立、市场层次和交易品种不够丰富等等。体现"新兴"特征的问题主要靠发展来解决。"转轨"意指我国资本市场脱胎于计划经济向市场经济的转轨,一些非市场化的因素仍然存在并起作用,市场配置资源的决定性作用还没有充分发挥。体现"转轨"特征的问题主要靠改革来解决。推进我国资本市场改革发展,必须从实现经济高质量发展和建设现代化经济体系的战略高度,加快从"新兴加转轨"向成熟市场过渡,着力增强资本市场服务实体经济能力,提高直接融资比重,促进多层次资本市场健康发展。

一、我国社会主义经济体制伟大变革

在马克思的原初构想中,未来社会不存在商品生产与商品交换,而是有计划、有组织地安排生产分配等经济活动。这是因为,他所设想的未来社会建立在商品经济高度发达的基础上,无产阶级革命在主要发达资本主义国家酝酿、爆发并取得胜利,他并没有预见到经济相对落后国家通过一国胜利的方式走上社会主义道路,更没有为这些国家如何建设社会主义提供现成的答案。十月革命胜利后,列宁在社会主义经济实践中积极探索发展路径,从战时共产主义政策到新经济政策,经济指导思想从取消商品货币关系转变为有限的商品生产、承认价值规律在一定范围发挥作用。列宁逝世后,苏俄逐步建立了高度集中的经济政治体制,特别是在经济领域以指令性计划管理经济活动,采取以行政手段代替经济规律的做法。二战以后,许多社会主义国家仿效苏俄做法,确立了计划经济体制在国民经济和社会发展中的统率地位。中华人民共和国成立后,我国在较长时间内实行高度集中的计划经济体制,国内学界也长期秉持社会主义对应计划经济、资本主义对应商品经济的思想观念。尽管如此,围绕社会主义经济体制问题的探索一直在进行。在科学社会主义发展史上，毛泽东不仅明确提出社会主义社会存在商品生产，而且第一次对社会主义商品生产与资本主义商品生产的区别进行阐述，强调商品生产和商品交换对发展社会主义的重要意义。在中共八大上，陈云也提出"国家市场是主体，自由市场是补充"的观点。这些思想是对传统观念的反思和突破，为后继研究提供了有益的启示。随着社会主义经济实践的发展，计划经济的弊端日益凸显，越来越不能适应社会生产力的发展要求，对市场与计划关系的探讨也在不断深化。1978年7月—9月，国务院召开务虚会，专题讨论加快社会主义现代化建设。与会人员进行了深入讨论和思想交流，认为应当摒弃取消商品货币关系的观点，更加重视发挥价值规律的作用。其中，具有代表性的观点包括：孙冶方提出"千规律，万规律，价值规律第一条"，薛暮桥提出"应当为长途贩运平反，要利用市场活跃流通"，等等。[①] 1979年，陈云提出社会主义国民经济由计划经济和市场调节两部分构成，过去计划统得过多、管得过死。他还将计划和市场比作"笼"与"鸟"的关系，提倡在国家计划指导下搞活经济。这些充满睿智的思想见解，为深刻认识社会主义基本制度与市场经济体制之间的关系开启了全新思路。

　　邓小平同志以马克思主义的理论勇气和实践智慧，科学阐明了社会主义的本质，创造性地提出社会主义与市场经济相结合，建立社会主义市场经济体制。党的十一届三中全会以后，我们党深刻总结了社会主义经济建设正反两方面的经验教训，提出"什么是社会主义、怎样建设社会主义"这个根本问题。邓小平指出，过去几十年，我们对于社会主义和马克思主义没有完全搞清楚。他在1979年11月接见外宾时，第一次明确阐述了社会主义和市场经济的关系，"市场

---

　　① 吴敬琏：《二十年来中国的经济改革和经济发展》，载《百年潮》，1999年第11期，第5页。

经济不能说只是资本主义的。市场经济，在封建社会时期就有萌芽。社会主义也可以搞市场经济"①。他进而指出："我们必须从理论上搞懂，资本主义与社会主义的区分不在于计划还是市场这样的问题。不要以为搞点市场经济就是资本主义道路，没有那么回事。计划和市场都得要。不搞市场，连世界上的信息都不知道，是自甘落后。"②邓小平在1992年南方谈话中指出，计划多一点还是市场多一点，并不是社会主义与资本主义的本质区别，计划和市场都是经济手段。邓小平进而指出，"实际上我们是在这样做，深圳就是社会主义市场经济。不搞市场经济，没有竞争，没有比较，连科学技术都发展不起来。产品总是落后，也影响到消费，影响到对外贸易和出口"③。我国在建立和发展社会主义市场经济过程中，先后通过了《中共中央关于经济体制改革的决定》《中共中央关于建立社会主义市场经济体制若干问题的决定》《中共中央关于完善社会主义市场经济体制若干问题的决定》等一系列纲领性文件，经历了从"计划经济为主、市场调节为辅""公有制基础上的有计划的商品经济""国家调节市场，市场引导企业"到"我国经济体制改革的目标是建立社会主义市场经济体制"等重要发展阶段。

伴随改革开放波澜壮阔的进程，我国成功实现了从高度集中的计划经济体制到充满活力的社会主义市场经济体制、从封闭半封闭到全方位开放的伟大历史转折。但在发展实践中仍存在一些深层次的矛盾和问题，主要是市场体系还不健全，市场发育还不充分，特别是政府与市场关系还没有理顺，市场在资源配置中的作用的有效发挥还受到诸多制约。党的十八届三中全会通过的《中共中央关于全

①　中共中央文献研究室：《邓小平思想年谱(1975—1997)》，中央文献出版社，1998年版，第139页。

②　邓小平：《邓小平文选·第3卷》，人民出版社，1993年版，第564页。

③　冷溶、汪作玲：《邓小平年谱(1975—1997)下》，中央文献出版社，2004年版，第1347-1348页。

面深化改革若干重大问题的决定》，绘就了全面深化改革的宏伟蓝图，开创了社会主义现代化建设的新征程。《决定》首次明确提出："经济体制改革是全面深化改革的重点，核心问题是处理好政府和市场的关系，使市场在资源配置中起决定性作用和更好发挥政府作用。"坚持以经济建设为中心不动摇，必须坚持以经济体制改革为重点不动摇，充分释放经济体制改革的潜力。市场的作用从"基础性"提升为"决定性"，深化了对社会主义市场经济内涵的认识，是加快市场化改革、全面建成小康社会的行动指南。习近平总书记强调，"在全面深化改革中，我们要坚持以经济体制改革为主轴，努力在重要领域和关键环节改革上取得新突破，以此牵引和带动其他领域改革，使各方面改革协同推进、形成合力，而不是各自为政、分散用力"①。十八届三中全会后，习近平总书记多次就用"看不见的手"和"看得见的手"作出深入阐发。他指出，"使市场在资源配置中起决定性作用和更好发挥政府作用"是一个重大的理论和实践命题，要以辩证的思维看待市场与政府的关系，使二者有机统一、相互促进，推动经济社会持续健康发展。他强调，党的十八届三中全会的一个重大突破，就是市场要在资源配置中起决定性作用。要素配置更要通过市场，同时要更好发挥政府作用。政府不是退出、不作为，而是政府和市场各就其位。他还要求各级干部特别是领导干部不断深化对市场规律的认识，努力成为善于驾驭政府与市场关系的行家里手。习近平总书记的重要论述，系统总结了改革开放 40 年我们党对计划与市场、政府与市场关系的探索成果，提出了一系列新观点新论断，是我们党在理论认识上的又一次重大飞跃，是中国特色社会主义政治经济学理论的内核和精髓，为进一步转变经济发展方式和政府职能，完善社会主义市场经济体制，坚持和发展中国特色社会主义，指明了前进方向、

---

① 习近平：《切实把思想统一到党的十八届三中全会精神上来》，载《中国青年报》，2014 年 1 月 1 日。

明确了行动指南、提供了根本遵循。

二、改革开放实践呼唤资本市场启航

股份制是社会化大生产发展的产物,股份制孕育发展并从属于市场经济体制,包括股份制在内的整个市场经济体制均为"中性"范畴,并非资本主义制度的专利。马克思和恩格斯"在历史上最早而且最清楚地阐明了股份公司的资本组织形式和社会化生产力之间的辩证关系。他们事实上是从生产力和生产关系两重分析的方法上对资本主义的股份公司进行分析。从生产关系方面看,股份公司的性质取决于它赖以构成的一定的所有制的性质,资本主义股份公司中的股份资本主要是资本家资本的联合,这就决定了股份公司的资本主义性质。根据马克思恩格斯这一分析方法,股份公司的形式可以包含各种不同的经济成分,从而决定股份公司可以具有的不同性质。从生产力方面看,股份公司作为发展经济的一种资本组织形式,作为发展生产力的一种手段,适用于与社会生产力相适应的整个商品经济的历史阶段。马克思和恩格斯关于这个问题的精辟分析,不仅完全符合资本主义经济的客观实际,而且更重要的是在理论上为社会主义制度利用股份制的形式发展社会生产力留下了充分的余地。对于社会主义制度下的股份经济也要作生产关系和生产力两重分析,前者是指股份公司内部的所有制构成情况,后者是指它作为发展经济的一种共同性手段。因此不能认为股份经济都一定是资本主义所固有的形式,强行一律打上资本主义的印记。社会主义社会应该充分利用股份制的形式,加快发展经济。股份制完全可以成为社会主义公有制经济一个重要的实现形式"[①]。股份制不仅有利于扩大企业资本的增量,从而使集中的大规模生产与技术创新成为可能,还能通过股票的买卖盘活企业资本的存量,社会主义国家完全可以而且

[①] 朱宗炎:《恩格斯对〈资本论〉第三卷的贡献》,载《当代经济研究》,2004 年第 11 期,第 11 - 12 页。

应当利用股份制的优越性为经济建设服务。

在计划经济时期,资源主要通过行政手段配置,经济整体运行效率低下。为祛除传统计划经济体制的积弊,邓小平以巨大的政治勇气和理论勇气,创造性地提出社会主义也可以发展市场经济的重大论断,"说市场经济只存在于资本主义社会,只有资本主义的市场经济,这肯定是不正确的。社会主义为什么不可以搞市场经济,这个不能说是资本主义"①。随着我国经济体制改革全面启动,作为微观经济主体的企业对资金的需求日益多样化,成为我国资本市场萌生的经济和社会土壤。1980 年 1 月,中国人民银行抚顺支行代理抚顺红砖厂面向企业成功发售 280 万股、每股 1 万元的"红砖股票",标志着股票市场的萌芽;1981 年 7 月,我国重新开始发行国债,标志着债券市场的萌芽。1982 年 5 月,国家经济体制改革委员会成立,负责统筹和指导全国的经济体制改革工作,推动企业的股份制改革。1984 年10 月,中共十二届三中全会通过《中共中央关于经济体制改革的决定》,股份制进入正式试点阶段。其中,影响较大的是"飞乐音响"和"延中实业"的发行。1984 年 11 月,上海飞乐音响股份有限公司以每股 50 元,向社会公开发行 1 万股股票;1985 年 1 月,上海延中实业股份有限公司以每股 10 元,分别发行法人股 5 万股和个人股 45 万股。这个阶段的主要特点是:股票和债券发行规模较小,发行企业的数量非常有限;只有一级发行市场,没有二级流通市场;一些企业以"股票"之名发行,实质上却是有固定期限和有提前兑现选择权的"企业债券"。随着证券发行规模和投资者队伍的逐渐扩大,证券流通的需求日益强烈,股票和债券的柜台交易陆续出现。1986 年 8 月,沈阳市信托投资公司率先开办了代客买卖股票和债券及企业债券抵押融资业务;同年 9 月,中国工商银行上海市信托投资公司静安证券业务部

---

① 邓小平:《邓小平文选:第 2 卷》,人民出版社,1994 年版,第 236。

率先对其代理发行的飞乐音响公司和延中实业公司的股票开展柜台挂牌交易,标志着股票二级市场雏形的出现;1988 年 4 月起,国家批准 7 个城市开展个人持有国债的转让业务,6 月,这种转让市场延伸到 28 个省、自治区、直辖市的 54 个大中城市,到 1988 年底,国债转让市场在全国范围内出现,这些采用柜台交易方式的国债转让市场是债券二级市场的雏形。[1] 1990 年 10 月,郑州粮食批发市场开业并引入期货交易机制,成为中国期货交易的开端。[2] 1990 年 12 月,上海证券交易所、深圳证券交易所成立,标志着我国资本市场正式起航。

股份制、股票这些曾被打上资本主义专利标签的东西,强烈冲击着刚从计划经济中走出来的中国人的固有认知,设立股票市场更是引发了广泛争议。有人提出,股份制改革将会改变社会主义性质并造成国有资产流失;有人认为,设立股票市场将会助长投机,扩大贫富差别;甚至有人要求关闭股票市场,越快越好,早关早主动。1992年,邓小平视察南方并发表重要谈话。针对当时人们在思想观念上的障碍与禁忌,邓小平鲜明提出,"证券、股市,这些东西究竟好不好,有没有危险,是不是资本主义独有的东西,社会主义能不能用? 允许看,但要坚决地试。看对了,搞一两年对了,放开;错了,纠正,关了就是了。关,也可以快关,也可以慢关,也可以留一点尾巴。怕什么,坚持这种态度就不要紧,就不会犯大错误"[3]。邓小平南方谈话不仅进一步廓清了市场经济姓"社"姓"资"的迷雾,而且为中国股市发展定向掌舵,深刻影响了处于"十字路口"的中国资本市场的前途命运。尽管我国资本市场发展初期并不顺利,特别是股票发行缺乏全国统

---

① 中国证券监督管理委员会:《中国资本市场发展报告》,中国金融出版社,2008 年版,第 6 页。

② 中国证券监督管理委员会:《中国资本市场发展报告》,中国金融出版社,2008 年版,第 8 页。

③ 邓小平:《邓小平文选:第 3 卷》,人民出版社,1993 年版,第 373 页。

一的法律法规和监管，股票发行市场非常混乱。1992 年 8 月，深圳发生了因抢购股票造成混乱的"8·10"事件，暴露了资本市场缺乏集中统一监管的弊端。1992 年 10 月中国证监会成立，标志着我国资本市场开始纳入全国统一监管框架；一系列相关法律法规和规章制度的出台，尤其是 1999 年 7 月《证券法》的实施，标志着我国资本市场走上规范发展之路。伴随社会主义市场经济的发展，我国资本市场走过了 20 多年不平凡的历程。我国资本市场的规模、效率、透明度、影响力、开放度大幅提升，在基础建设、体系完善、秩序维护、功能发挥等多方面取得重要突破，已经具备在更高层面服务经济社会发展的基础和条件。

第二节　科学认识相对剩余价值理论存在场域

马克思的研究以资本主义社会为存在场域，并没有阐述相对剩余价值理论在社会主义社会的作用。社会主义制度的现实建立没有按照预想脱胎于资本主义充分发展的国家，反倒是俄国、中国等经济相对落后的国家通过"一国胜利"的路径走上社会主义道路，这一点的确超出马克思原先预判。那么，相对剩余价值理论在当代中国是否在场、何以在场，对中国特色社会主义事业是否具有指导意义、如何发挥指导作用，成为亟须科学解答并深入研究的重大课题。从马克思创立相对剩余价值理论至今，社会主义事业虽然历经曲折，但总体而言仍然保持着良好的发展势头，特别是中国特色社会主义蓬勃发展、蒸蒸日上，取得了举世瞩目的成就，中国迅速攀升为世界第二大经济体。在我国经济社会快速发展的同时，国内外学界对于马克思相对剩余价值理论是否适用于社会主义市场经济有很大争议，"过时论""无用论""消失论""危机论"等频频出现、喧嚣不息，在理论上难免造成一定程度的混乱，必须及时予以澄清。

一、作为经济发展手段的相对剩余价值

关于社会主义条件下相对剩余价值的有关问题一直争论不休,根本原因之一就是理论定位不清,即过于强调剩余价值(相对剩余价值)范畴的特殊性,有意无意忽略甚至否定其一般性。大多数学者普遍认同,剩余劳动以及剩余劳动产品并不是资本主义社会特有的范畴,而是生产力发展到一定水平出现的、人类社会赖以存在和发展的重要条件。但人们对剩余劳动形成的价值范畴却观点不一。这主要是因为,马克思将劳动力成为商品看作剩余价值产生的前提,在劳动力买卖关系存在的条件下才能创造剩余价值,"只有在劳动人口或者本身不再属于客观的劳动条件,或者本身不再作为商品生产者进入市场的时候,只有在劳动人口不再出卖自己劳动的产品,而相反地出卖自己的劳动本身,或者更确切些说,出卖自己的劳动能力的时候,生产才在其整个范围内,在其整个深度和广度内,变成商品生产,一切产品才转化为商品,每个个别生产部门的物的条件本身才作为商品进入该生产部门"①。尽管一般意义上的商品生产与商品交换历史悠久,但由于自给自足的自然经济在前资本主义社会中占据主导地位,劳动力并没有成为商品,因而劳动者的剩余劳动不体现剩余价值。具体来说,剩余劳动在奴隶社会表现为奴隶主收入,在封建社会表现为地租,到了资本主义社会才表现为剩余价值。许多人据此认为,剩余价值只是资本主义特有的经济范畴。

既然人类社会存在与发展须臾离不开剩余劳动,而剩余价值不过是剩余劳动的凝结,何以否定剩余价值的一般属性呢?既然坦承市场经济主体以追求利润为主要目的,而利润不过是剩余价值的转化形式,就不应当对剩余价值范畴避而不谈。既然普遍认同商品、货币、资本在社会主义市场经济中存在并发挥重要作用,而资本不过是

---

① 《马克思恩格斯文集:第 8 卷》,人民出版社,2009 年版,第 427 页。

能够带来剩余价值的价值,剩余价值范畴理应适用于社会主义市场经济。资本和剩余价值都是发达的商品经济即市场经济的共有范畴,反映社会化大生产的一般法则,并非资本主义社会特有。在社会主义初级阶段,劳动力仍然是商品,劳动力市场是市场体系的重要组成部分,货币必然会转化为资本,资本必然会带来剩余价值。在社会主义生产过程中,劳动者不仅创造补偿劳动力耗费的价值,还创造超出劳动力价值的价值以满足社会的需要。通过提高劳动生产率获得相对剩余价值不是资本主义社会特有的社会劳动组织方式,而是在以物的依赖性为基础的第二大社会形态中普遍存在并广泛适用的经济发展手段。我们不应简单僵化地理解马克思的剩余价值范畴,无需在社会主义社会的相对剩余价值问题上躲躲闪闪,更没有必要将姓"社"姓"资"的标签教条化地贴附于马克思相对剩余价值理论。

无论是将剩余价值范畴归属资本主义特殊范畴的观点,还是在剩余价值范畴之前加上种种限定语的做法,都无益于对社会主义与资本主义两种社会制度下经济状况的分析与比较,更不利于在新的历史条件下对马克思主义政治经济学的继承和发展。尽管马克思创立剩余价值理论时主要以资本主义社会为研究视域,却深刻揭示了社会化大生产和市场经济的一般规律。因为,"发财致富就是目的本身。资本的合乎目的的活动只能是发财致富,也就是使自身变大或增大"[1],生产和实现剩余价值是市场经济的共性特征,社会主义社会仍是相对剩余价值理论的存在场域。然而,"由于剩余价值理论没有确立起来,至今仍然被排除在社会主义市场经济之外,从而使得市场经济相关范畴或概念的内在联系被割裂,彼此只能孤立存在并发挥作用"[2]。改革开放以来,人们对商品、货币、资本的认识日益深

---

[1] 《马克思恩格斯全集:第30卷》,人民出版社,1995年版,第228页。
[2] 葛承群:《社会主义市场经济呼唤剩余价值理论创新》,载《财贸研究》,2003年第2期,第1页。

化。既然承认社会主义初级阶段存在商品、货币、资本,就不应讳言剩余价值,不讳言才能不被动,才能自觉运用相对剩余价值理论特别是蕴含其中的追逐与实现技术创新的规律,更好地推动社会主义市场经济发展。

二、两种社会制度下相对剩余价值的根本异质性

我国正处于并将长期处于社会主义初级阶段,社会主义的再生产和积累是巩固发展社会主义制度的物质基础,是解决人民日益增长的美好生活需要和不平衡不充分的发展之间的矛盾的根本途径。经济基础相对薄弱的国家建设社会主义,可以跨越资本主义充分发展的"卡夫丁峡谷",但无法超越市场经济充分发展和物质条件积累,不能盲目否定资本和剩余价值。社会主义市场经济是以生产资料公有制为基础、以实现社会主义现代化和全体人民共同富裕为目标的社会化大生产,劳动力商品这个剩余价值生产的先决条件依然存在,相对剩余价值理论必然在场并发挥作用。必须要明确的是,社会主义条件下的剩余价值与资本主义条件下的剩余价值有着根本的异质性,社会主义制度祛除了剩余价值是"被资本家无偿占有的剩余劳动和剩余产品"的资本主义特性。二者的本质区别是在不同社会制度、不同政治环境中进行,追求的终极目的更是迥然不同。资本主义只关心资本的目的性价值,主张资本和剩余价值的永恒性,推崇资本无限扩张,永无止境地追逐剩余价值。而社会主义着眼于资本的工具性价值,在承认资本和剩余价值历史合理性、注重发挥资本文明作用、充分利用市场机制高效配置资源的同时,清楚地看到其存在的界限和最终消亡的历史必然性。

马克思在《资本论》第三卷中指出:"资本不是物,而是一定的、社会的、属于一定历史社会形态的生产关系,它体现在一个物上,并赋予这个物以特有的社会性质。"①在他看来,生产要素只是资本的外在表现,要把握资本的内在本质必须立足社会关系。资本作为市场中追求价值增殖的社会关系,通过驱动自然力来扩张自身,进而支配整个社会的生产与消费。资本逻辑就是资本在运动中无休止地追求价值增殖,这实际构成市场经济的内在运行机制。资本具有无限扩张的冲动,力求冲破一切限制,为自身增殖开辟更加广阔的空间。然而,资本追求全面驱动自然力、全面发展生产力的趋势与资本本身的狭隘性存在根本冲突。马克思既充分肯定资本在社会历史发展中的文明作用,也深刻揭示了资本的内在矛盾与发展界限。资本只是历史的范畴而不是永恒的法则,资本存在的限度包括内外两个方面。内在限度包括:"(1) 必要劳动是活劳动能力的交换价值的界限;(2) 剩余价值是剩余劳动和生产力发展的界限;(3) 货币是生产的界限;(4) 使用价值的生产受交换价值的限制。"②外在限度是指人与自然的平衡是资本扩张的底线。如果说绝对剩余价值生产只与工作日长度有关,不以生产技术的变革为条件;相对剩余价值生产则使劳动的技术过程和社会组织发生根本变革,其实现以缩短必要劳动时间、相对延长剩余劳动时间从而减少消费、增加剩余价值为前提,资本越扩张、越膨胀、发展程度越高,也就越成为生产的界限、消费的界限。资本主义生产用以克服自身固有限制的种种努力,其结果不过是这些固有限制以更大规模重新呈现在资本的面前。因为,资本的自我扬弃并非是对资本本性和资本主义生产方式的根本扬弃,而是对资本主义生产关系所作局部调整。譬如说,股份制具有社会资本的性质,是对私人资本的一种否定,便是资本的自我扬弃方式之一。这种自我调整、自我更新是实现资本增殖的有效手段,也是资本文明作用的集中体现,即迈向更高社会形态的各种因素的积累。马克思深刻

---

① 《资本论:第 3 卷》,人民出版社,1975 年版,第 920 页。
② 《马克思恩格斯全集:第 30 卷》,人民出版社,1995 年版,第 397 页。

指出："资本不可遏止地追求的普遍性，在资本本身的性质上遇到了限制，这些限制在资本发展到一定阶段时，会使人们认识到资本本身就是这种趋势的最大限制，因而驱使人们利用资本本身来消灭资本。"①资本逻辑绝非人类社会发展的终极逻辑，而具有自身无法逾越的界限。当资本逻辑推动的社会生产力达到高度发达阶段，资本本身日益成为社会生产力发展的最大桎梏，资本的外壳必然被彻底炸毁而最终退场。

马克思相对剩余价值理论的基础是劳动价值论，强调人的活劳动是创造剩余价值的唯一源泉，体现了对劳动的尊重和对人本身的深切关怀，彰显了以人为本的价值取向，特别是大力弘扬人的主体性和创造力，因而与西方经济学重物轻人的思想迥然不同。坚持以人民为主体是马克思主义的鲜明品格和本质特征。马克思对资本主义的批判，实质上就是对资本主体的批判和对人民主体的彰显。历史发展的动力和源泉来自人民群众认识世界、改造世界的实践活动。劳动是最基本、最核心的实践活动，劳动不仅创造了人本身，更是理解人类社会存在与发展的钥匙。马克思在《共产党宣言》中指出，在资本为主体的资产阶级社会里，资本具有独立性和个性，而活动着的个人却没有独立性和个性，共产党人为之奋斗的目标就是要消灭私有制，建立自由人联合体，实现人的自由全面发展。在社会主义市场经济中，我们既要深刻认识资本文明作用的历史性、工具性；又要充分地占有和利用资本，将资本作为推动文明持续展现的强大动力，不断增强运用相对剩余价值理论的自觉性坚定性，从而为人的发展和社会进步创造雄厚的物质基础。

第三节　辩证看待技术创新实现路径

相对剩余价值生产源于企业追求超额剩余价值的内在驱力和市

---

① 《马克思恩格斯文集:第8卷》,人民出版社,2009年版,第91页。

场竞争的外部压力。只有在一定时段内赢得并保持技术领先甚至技术垄断,企业才能在市场占据有利地位。毋庸置疑,企业直接引进先进技术是投入相对较小、短期见效明显的做法,这也是马克思创立相对剩余价值理论之初首先予以关注的。然而,长期重引进、轻研发极易导致企业对购买技术形成路径依赖,造成自主创新疲软乏力、踯躅不前,严重制约企业核心竞争力的提升。企业真正走自主创新之路非常艰难,创新效率在初期往往不增反降,在资金短缺状况下尤为明显。只有当技术投入达到一定水平,研发能力持续累积,技术创新的困境才可能有大的突破,创新绩效才能得以改善和提升。由于技术创新投入大、风险大、见效慢,政府的金融扶持政策可谓杯水车薪,企业外源融资渠道过于狭窄,以资本市场为载体的直接融资和以银行为中介的间接融资的门槛都很高,许多企业只能望而却步。风险投资作为一种创新性的金融工具和投资形式,是集融资、投资、资本运营、企业管理于一体的系统性金融工程,专注于高成长性与高风险性并存的技术创新活动,高度匹配创新型企业的融资需求,因而成为新技术和新产品的"孵化器"与"培养皿"。

一、企业的双重身份:市场主体与创新主体

企业是市场经济的基本细胞,是市场机制运行的微观基础,也是最基本、最重要的市场主体。企业之所以能成为创新创造的主体,因其是参与市场竞争、接受优胜劣汰选择的主体。企业作为自主经营、自负盈亏的独立的经济实体和市场主体,正是源于探索和追寻可预期超额剩余价值的内生动力,才会甘于冒创新风险,才会勇于为未来布局,大力开展创新活动。先进技术是企业的生存法宝和竞争利器,若想在日益激烈的市场角逐中免于被淘汰,就必须高效配置创新资源,积极组织研发活动并推动技术成果向现实生产力转化。企业直面市场、贴近市场,对市场需求有着最直接的了解、最敏锐地捕捉、最精准的判定,因而最能发现和把握技术创新的方向,也能够最有效地将创新成果市场化。企业作为研发决策、资金投入、成果应用的主体，既是技术创新风险的直接承担者也是利益的最大受用者，是建立技术创新市场导向机制的基本依托，更是科技与经济紧密结合的主要载体。可见，企业的创新主体地位无法取代，无论是由政府还是科研机构来扮演这个角色，都难以实现科技与经济的高度融合。

我国企业的市场主体地位是伴随经济体制改革逐渐形成的。中华人民共和国成立后，为实现国民经济的复苏和发展，我国实行高度集中、统一管理的计划经济体制。生产什么、生产多少、如何生产、生产效益如何分配，均由政府计划决定。政府通过指标、计划参数、实际评价等对企业实施全面控制，企业只负责执行既定的生产计划而严重依附于政府，并不是真正意义上的以追求利润最大化为目标的微观经济主体。中华人民共和国成立之初，计划经济体制集中了有限的人财物资源，保障重点建设项目顺利完成，我国初步建立起独立的、比较完整的工业体系和国民经济体系。但随着经济和社会的发展，计划经济体制暴露越来越多的弊端。一方面，政府统包统揽经济运行的方方面面，无力针对技术、需求、信息等变化做出细致计划、及时发布指令，不可避免导致资源配置的高成本和低效率；另一方面，企业作为政府附属的单纯生产单位的定位使得企业对经济效益漠不关心，没有追逐利润的冲动和活力，抑制了国民经济持续健康发展的内在动力。因此，摆脱传统计划经济体制束缚，探索一种全新的体制模式，重构企业的市场主体地位，已成为迫在眉睫的重大问题。

1978年以后，我国开始对高度集中的计划经济体制进行调整，重视发挥市场这只"看不见的手"对经济的调节作用，逐渐弱化政府这只"看得见的手"对经济的干预。党的十四大鲜明提出，"我们要建立的社会主义市场经济体制，就是要使市场在社会主义国家宏观调控下对资源配置起基础性作用，使经济活动遵循价值规律的要求，适应供求关系的变化；通过价格杠杆和竞争机制的功能，把资源配置到效益较好的环节中去,并给企业以压力和动力,实现优胜劣汰;运用市场对各种经济信号反应比较灵敏的优点,促进生产和需求的及时协调。同时也要看到市场有其自身的弱点和消极方面,必须加强和改善国家对经济的宏观调控"。建立社会主义市场经济体制,就是要将社会主义基本制度的优势与市场经济的优势结合起来,这是一项前无古人的开创性事业,也是社会主义经济的历史性课题。其中,必须解决的关键问题就是确立企业的市场主体地位,使企业真正成为自主经营、自负盈亏、自我发展、自我约束的利益主体;与此同时,政府从计划经济体制下的直接参与者向市场经济体制下的监管者转变,政府不干预企业的生产经营活动,而是运用财政政策、货币政策等手段对国民经济进行宏观调控。经过 40 年改革开放,企业的市场主体地位逐渐形成,为企业成为创新主体提供了前提。但是,这种地位还不够巩固和完善,制约企业创新的体制机制障碍仍然存在。解决这一问题根本上要靠改革,形成支持创新的政策环境、健全保护创新的法治环境、培育开放公平的市场环境、营造崇尚创新的文化环境,不断健全技术创新市场导向机制,强化企业技术创新主体地位,全面建立科技与经济深度融合的体制机制。

二、资本市场的一体两面:直接融资与价值投资

所谓直接融资,是指资金供给方通过直接与资金需求方协议,或在金融市场上购买资金需求方发行的有价证券,将货币资金提供给资金需求方使用,从而完成资金融通的过程。直接融资无须金融机构作为中介,资金供求双方通过股票、债券等金融工具直接形成债权债务关系。在直接融资中,由于资金供求双方直接发生联系,减少了中间环节,降低了融资成本,有利于提高资金使用效率和降低企业资产负债率,从而成为间接融资的有力补充。直接融资的资金供给方是投资者,在成为直接债权人之前,自然会下足功夫调研企业的经营水平、赢利能力、现金流充足度等,使得直接融资的市场化程度和资源配置效率更高。

长期以来,融资结构不均衡、不合理是制约我国金融服务实体经济和深入实施创新驱动发展战略的一大短板。银行业在我国金融体系中的地位素来举足轻重,商业银行是资金融通的重要参与主体,以银行信贷为主的间接融资支撑着整个融资体系,银行信贷仍是企业融资的首选方式。我国银行业的市场结构具有较为明显的寡头垄断特征,加之银行信贷风险控制日益严格,商业银行十分注重企业的资产规模和债务偿还能力,无暇关心企业的成长性和未来的获利能力,对科技型中小企业更是惜贷严重。近年来,我国大力发展直接融资并取得积极成效,但与成熟资本市场相比、与经济高质量发展要求相比,差距仍然较大。不仅如此,直接融资本身结构也不合理,股票债券比例失调,债券市场特别是企业债券市场的发展严重滞后于股票市场,企业股权融资偏好强烈,"重股票、轻债券""股票大、债券小"的状况没有根本改变。发行企业债券具有融资规模大、融资成本低、使用期限长等特点,能够为企业优化资本结构、完善公司治理结构、提升市场竞争力等提供有力支撑。在我国全面深化改革的新时期,有必要持续推动债券市场创新发展,进一步满足市场投融资和风险管理需求,提高直接融资比重,切实服务实体经济,防范和分散金融风险。直接融资要补短板,必须把股权融资摆在更加突出的位置,积极拓展多层次、多元化、互补型股权融资渠道,进一步完善股票市场融资功能,持续提升服务实体经济和国家战略的能力。

资本市场作为最重要的投融资平台,既要承担融资功能,为企业发展提供直接融资渠道;也要承担投资功能,给予投资者合理的投资回报,从而实现投融资协调发展、均衡发展。投资者作为资本市场最基本的参与者,其利益能否得到有效保护,关系整个市场的健康、稳定、持续运行。如果投资者信心严重不足、利益持续受损甚至被迫离场,就会动摇市场赖以生存的根基。我国资本市场初始制度安排属于融资市场,在这一功能定位中投资者主体是缺失的,导致投资者尤其是中小投资者的利益常常被忽视。成熟资本市场实行的是投资市场的制度安排,奉行以投资者为本、保护投资者利益的理念,政府监管的首要任务就是保障投资者合法权益,资本市场的蛋糕才会越做越大。从国际经验来看,资本市场在经济发展不同阶段承担的功能亦有偏重。资本市场在建立之初着眼解决企业融资需求,随着资本市场规模扩大,上市公司数量和融资金额大幅增长,企业间的并购活动日益频繁,投资者的金融资产不断增加、投资意识逐渐增强。此时,资本市场的制度设计应转向以投资者为中心,更加重视股东的利益和价值。这种价值导向必然要求管理行为的公开性和财务制度的透明性,对经营业绩不佳的管理者产生持续的外部压力,有效维护市场的优胜劣汰功能,更好地发挥资本市场优化配置资源的决定性作用。时至今日,我们理应尽快对资本市场的功能定位予以调整,坚决摒弃"重融资、轻回报"的固有思维,让广大投资者更多分享改革发展的成果和红利。

"现代证券分析之父"、价值投资开山鼻祖本杰明·格雷厄姆有一段精辟论述,"短期而言,股票市场是一台投票机——反映了一个只需要金钱却不考虑智商高低和情绪稳定性好坏的选票登记比赛的结果,但是长期而言,股票市场却是一台称重机"。投资大师巴菲特说:"遵循格雷厄姆的教诲,我和芒格让我们的可流通股票通过它们公司的经营业绩——而不是它们每天的股价甚至是每年的股价水平——来告诉我们的投资是否成功。市场可能会在一段时期内忽视企业的成功,但最终一定会用股价加以肯定。"价值投资者认为,证券不是投机的工具,而是代表对标的公司的部分所有权或债券。简言之,价值投资就是运用一定方法测算股票的内在价值,在股价低于该股内在价值时买入并长期持有,直到股价高于该股内在价值时卖出,即市场对该股实现价值回归。内在价值和安全边际是价值投资理论的核心,价值投资者首先考虑并评估股票的内在价值,分析股价与内在价值之间的差额,股价低于内在价值的差额越大越安全,也就是安全边际越高。市场化导向的资本市场有价值发现的功能,价值投资追求长远价值预期和价值实现,分享资产长期增值的利益,并非投机炒作博取短期买卖差价,更不是非理性的追涨杀跌。价值投资、理性投资、长期投资成为主流投资理念,是新时代资本市场建设的应有之义。具有高成长性的科技型中小企业亟须容错性更大、风险偏好更强、资源配置效率更高的多层次资本市场提供支持与服务,最能代表新技术、新业态、新模式的企业终将受到投资者的青睐。

三、风险投资的双赢交易:企业 IPO 与资本增值

风险投资的特点是投资者出资协助具有专门科技知识而缺乏资金的人创业,甘愿承担失败的风险,追求较高的投资回报。作为创新活动融通资金的重要渠道,风险投资对于推动科研成果转化、创业企业成长和高新技术产业发展起到不可替代的作用,堪称现代社会经济增长和技术创新的核心驱动力之一。然而,风险投资在企业不同成长阶段介入,对技术创新和企业发展发挥的作用是不同的。[①] 通常,初创企业的成长周期自成立起至 IPO 止,大致分为种子期、创立期、扩张期、成熟期四个阶段,企业的不确定性和信息不对称性依次递减。风险投资在企业发展早期介入,投资周期和孵化时间相对较长,在很大程度上缓解风险投资追求短期高回报而看重企业短期收益的行为,促使投资者更加重视技术创新的潜在价值和长期价值,从而积极支持企业技术创新投入。风险投资若在企业发展后期才进入,对短期高回报、低风险的追求往往占据上风,难以对技术创新产

[①] 有观点认为,投资于企业早期成长阶段应归属风险投资(VC)范畴,而投资于扩张期、成熟期等阶段应纳入私人股权投资(PE)范畴。鉴于投资实践中风险投资者并未严格限定具体投资阶段,对企业自身成长周期的划分也是众说纷纭、莫衷一是,本研究将企业 IPO 之前投入并通过 IPO 退出的股权投资统称为风险投资。

生实质性的影响。风险投资能否取得成功最终取决于退出状况。风险投资退出是风险投资循环最重要的环节,如果这一环节缺失,风险投资活动的链条就会中断,风险投资就无法实现投资增殖和良性循环,也就无法吸引社会资本加入风险投资行列。为实现投资的增殖,风险投资者需要将风险企业中的非流动性股权转换为现实收益。比较而言,盈利性最佳的退出方式就是 IPO,风险投资者帮助风险企业首次公开发行股票。

　　我国在 20 世纪 80 年代认识到风险投资对于推动技术创新和经济增长的重要作用,通过制定并实施一系列重大政策,积极引导、大力推动风险投资发展。1985 年 3 月,《中共中央关于科学技术体制改革的决定》提出,"对于变化迅速、风险较大的高技术开发工作,可以设立创业投资给以支持"。1986 年,国家科委在科学技术白皮书中首次提出发展我国风险投资事业的战略方针。1999 年 8 月,《中共中央、国务院关于加强技术创新,发展高科技,实现产业化的决定》提出,"要培育有利于高新技术产业发展的资本市场,逐步建立风险投资机制,发展风险投资公司和风险投资基金,建立风险投资撤出机制,加大对成长中的高新技术企业的支持力度。引进和培养风险投资管理人才,加速制定相关政策法规,规范风险投资的市场行为"。1999 年 12 月,国务院办公厅转发科技部等 7 部委《关于建立中国风险投资机制的若干意见》,从培育风险投资主体、建立风险投资撤出机制、完善中介服务机构体系、建立健全鼓励和引导风险投资的政策和法规体系等方面做出具体规定。2003 年 10 月,《中共中央关于完善社会主义市场经济体制若干问题的决定》提出,"推进风险投资和创业板市场建设"。2004 年 2 月,《国务院关于推进资本市场改革开放和稳定的发展的若干意见》提出,"分步推进创业板市场建设,完善风险投资机制,拓展中小企业融资渠道"。2005 年 11 月,发改委等 10 部委联合发布《创业投资企业管理暂行办法》。2008 年 10 月,国务院办公厅转发发改委等 3 部委《关于创业投资引导基金规范设立与运作的指导意见》。政策层面的持续推进，为风险投资繁荣发展树立了鲜明导向、提供了有力保障，我国风险投资业进入发展的快车道。

完善退出机制是推动我国风险投资发展的重要任务，风险投资退出渠道及退出机制不通畅、不完善，尤其是 IPO 退出路径仍困难重重，已成为制约风险投资发展的瓶颈。近年来，我国证券监管机构注重优化股票发行审核流程，严把审核质量关，大幅缩短审核周期，不断提高审核效率，新股发行逐步实现常态化，风险投资 IPO 退出日益便捷通畅。大量社会资本流向创新创业活动，为更多初创企业提供了成长和发展的机遇，形成资本市场与风险投资的良性循环，成为支持实体经济发展的"源头活水"。众多创新能力强、发展潜力大的企业正成为资本市场的生力军，新一代信息技术产业、新材料、高端装备制造产业、数字创意上市公司数量和市值规模大幅攀升，战略性新兴产业占比不断提升，形成了显著的聚集效应。这些企业研发投入大、技术水平领先，有不少是细分行业龙头企业，依靠创新发展实现内生增长。一大批拥有创新能力的企业上市，折射出我国经济创新驱动的发展趋势，契合资本市场优化资源配置、服务实体经济和供给侧结构性改革的政策导向，有利于为经济高质量发展培育新动能。

第四节　短　论

相对剩余价值是物的依赖性社会的共有范畴。承认社会主义市场经济中存在相对剩余价值、承认相对剩余价值理论在当代中国市场，有利于深化对社会主义劳动价值论、社会主义市场经济规律的认识，深刻展现科学社会主义理论逻辑与中国社会发展历史逻辑的辩证统一，从而以更加坚定的马克思主义立场、更加积极主动的建设实践来发展和完善社会主义市场经济。在中国特色社会主义场域中审视相对剩余价值，必须着眼驾驭和超越资本逻辑。资本的生产表现为直接生产过程、流通过程及其在更高层面上的综合即生产的总过程，分别对应剩余价值的生产、实现以及剩余价值向利润转化。资本逻辑不断展开演化的结果就是生产资料高度集中和劳动日益社会化，资本的社会化发展也在不断扬弃自身直至消亡。中国特色社会主义既清楚看到资本最终消亡的历史必然性，也充分肯定作为经济发展手段的相对剩余价值，积极发挥资本的历史的文明作用。理解相对剩余价值理论在当代中国，绝不是孤立的、狭隘的、片面的，而是要深刻穿透我国经济体制改革实践来展开和深化，紧扣相对剩余价值生产与实现的机制、环境、条件，与股份经济发展、资本市场建设、创新驱动发展贯通起来、一体考量。

股份制与社会化大生产和现代市场经济紧密联系，是资本集中最迅速、最有效的手段，是现代企业的一种资本组织形式，不具有社会制度的属性或者说是中性的，社会主义和资本主义都可以利用。判断其所有制性质的关键是看它从属的社会基本经济制度的性质，看哪种所有制掌握控股权。我国社会主义制度前提下的股份制改革，扩大了公有资本的支配范围，是社会主义公有制行之有效的实现形式。在原来高度集中统一的计划经济体制下，企业仅仅作为严格落实政府计划和指令的生产单位，既没有内在利益驱动也没有外在竞争压力。我国经济体制改革是一场前无古人的伟大变革、是决定当代中国命运的关键抉择，党的十一届三中全会开始改革开放、十四大提出建立社会主义市场经济体制的改革目标之后，我国经济体制改革在理论和实践上均取得重要进展。我国的传统企业，特别是原来占绝对比例的国有企业，都面临转换经营机制的挑战。股份制是我国国有企业改革的重要形式，有利于资本所有权和经营权分离，有利于提高企业和资本的运作效率，有利于企业参与市场竞争。转换国有企业特别是国有大中型企业的经营机制，把企业推向市场是建立社会主义市场经济体制的中心环节。通过理顺产权关系，实行政企分开，落实企业自主权，使企业真正成为自主经营、自负盈亏、自我发展、自我约束的法人实体和市场竞争的主体，并承担国有资产保值增值的责任。将建立现代企业制度作为国有企业改革方向，按照产权清晰、权责明确、政企分开、管理科学的要求，实行规范的公司制改革，特别要形成各负其责、协调运转、有效制衡的公司法人治理结构。

资本市场是股份制发展到一定阶段的产物。股份公司通过发行股票、债券向社会公众募集资金，在实现资本集中、扩大社会生产的同时，为资本市场的产生提供了现实条件。资本市场是我国改革开放特别是社会主义市场经济发展的标志性成就之一。伴随着规模的扩大和体系的完善，我国资本市场承载能力大幅提升，市场化运行机制初步形成，规范发展的态势不断巩固，国际影响力和吸引力显著增强，服务国民经济全局的功能进一步发挥。但与国外成熟市场数百年发展历程相比，我国资本市场起步晚、发展时间短，"新兴加转轨"特征明显。因此，必须辩证把握资本市场普遍规律和我国资本市场自身特点，着力解决深层次的体制机制问题，坚定不移走中国特色资本市场发展道路。坚持股票市场和债券市场同步发力，显著提高直接融资比重，缓解创新创业企业融资难问题；健全风险投资体系，完善风险投资退出机制，更好发挥风险投资支持企业发展的"孵化器"作用、推进供给侧结构性改革的"助推器"作用、激发民间投资的"催化剂"作用；加快多层次资本市场体系建设，推动产品创新、业务创新、服务创新，拓展市场的包容度和覆盖面，高效支撑创新驱动发展核心战略。

第五章

完善我国多层次资本市场体系

融资功能是资本市场最基本、最重要的功能之一。企业发展和技术创新须臾离不开资金支撑,不同发展阶段的风险特点和资金需求差异很大,强大高效的资本市场能够提供期限各异、成本各异、融资规模各异的融资平台。多层次资本市场又称资本市场的分层化,是市场经济发展到一定阶段的客观要求,是资本市场向纵深发展的必然结果,是对现代资本市场复杂形态的一种表述,是资本市场有机联系的各要素总和。学界主要从三个角度对多层次资本市场做出界定:(1) 从交易品种来看,多层次资本市场应该是涵盖股票、债券、基金、衍生品等金融产品交易的多样化市场体系;(2)从交易机制来看,多层次资本市场应该是包括场内标准化交易和场外差异化交易的市场体系;(3) 从服务对象和融资规模来看,多层次资本市场应该是针对处于不同发展阶段、投融资需求各异的企业在市场准入、交易条件、监管标准等方面提供差异化融资平台的市场体系。[①] 我国多层

[①] 曹和平、孟令余:《中国多层次资本市场创生路径和演化特点浅析》,载《经济问题探索》,2013 年第 4 期。

次资本市场体系大体上由场内市场和场外市场两部分构成,场内市场包括主板、中小板和创业板,场外市场包括全国中小企业股份转让系统(新三板)、区域性股权市场和证券公司柜台市场。这些市场相互联系、相互补充,内在逻辑上存在对接贯通和层级递进的关系。

我国沪深主板市场自开设之后,上市门槛高、条件严,主要吸纳发展比较成熟、规模较大的企业,对我国宏观经济稳定发展起到了重要的支撑作用。但囿于层次单一、覆盖面窄,难以满足广大中小企业尤其是科技型中小企业的融资需求,建设多层次资本市场的任务十分紧迫。全国人大原常委会副委员长、著名经济学家成思危首倡并助推中国创业板建设,致力于推动中国风险投资事业发展,为加快我国多层次资本市场建设做出了卓越贡献,被誉为"中国风险投资之父""创业板之父"。2004年我国推出中小板,2009年推出创业板,2012年设立全国中小企业股份转让系统,区域性股权市场和证券公司柜台市场探索前行,债券市场、期货及衍生品市场蓬勃发展,通过风险投资等建立了投融资双方风险共担、利益共享的机制。经过近30年的发展,我国资本市场初步形成了涵盖股票、债券、期货等的市场体系,多层次资本市场日趋完善,有效发挥直接融资的平台功能,为加快企业技术创新、培育新动能、发展新经济提供了强有力的资本支持,服务实体经济的效能大幅跃升,对于中国经济加速腾飞、一跃成为世界第二大经济体功不可没。如今,A股市场已成长为全世界第二大资本市场、第一大新兴资本市场,也是全世界增长最快的资本市场。

第一节　科技型中小企业融资困局与资本市场探索

科技型中小企业作为新业态、新经济的引领者,往往带来创新产品和服务的爆发式增长,是新旧动能转换、实现高质量发展的重要支撑。科技型中小企业具有不同于传统企业的技术和经济特征,蕴含更高的风险与收益,其融资体现了需求量大、期限长的显著特点。任何一项高新技术从研发到成果商业化,都需要大量资金作为高新技术最终物化的必备条件,无论是基础设施投资、购置高精尖设备还是研发成果快速转化,对资金投入的规模和速度要求都非常高。技术创新的高风险指投入大量的资金,一旦创新活动受挫甚至失败,资金的预期收益就会泡汤抑或血本无归;然而,一旦成功,其技术上的优势将迅速转化为经济价值,该投资能够获得远超传统企业的高收益、高回报。内源性融资主要指企业的自有资金和生产经营过程中的资金积累部分,由于企业自身资金积累速度有限,特别是随着技术进步和生产规模扩大,单纯依靠内源性融资难以满足资金需求。从金融供给侧审视,金融服务科技型中小企业仍有诸多难点。商业银行对科技型中小企业信贷的风险与收益不相匹配,前者安全性、流动性、盈利性的"三性"原则与后者高风险、高收益的"两高"特点之间存在较为严重的结构性矛盾。当前,资本市场支持科技型中小企业仍不够强劲高效,中小板和创业板对公司 IPO 要求较高,大批企业难解燃眉之急,只能望洋兴叹;新三板挂牌融资制度有待完善,市场流动性困局亟须破解;债券市场风险标准同质化、债券发行渠道窄等问题不容小觑。

一、"名不副实"的中小板

我国多层次资本市场实质上从中小板开始起步,此前仅有主板一个层次。主板市场主要接纳国民经济中的支柱企业、占据行业龙头地位的企业、具有较大资产规模和经营规模的企业上市,因而能在很大程度上反映宏观经济发展的基本状况。主板市场包括两大部分:上海证券交易所主板市场和深圳证券交易所主板市场。上交所将建设蓝筹股市场作为重点,积极吸引国民经济骨干企业发行上市,为上市公司并购重组创造有利的制度环境与市场环境,推动上市公司做大做强。深交所致力于建设多层次资本市场体系,以创新资本为中心，支持国家创新体系建设，服务经济转型升级。主板市场对发行人的营业期限、股本大小、盈利水平、最低市值等方面的要求非常高，上市公司大多是大型成熟企业，具有较大的资本规模和稳定的盈利能力。对于那些规模大、稳健型、成熟度高的企业来说，由于发展历程相对较长、业绩稳定、经营稳健，在主板市场融资较为容易。而中小企业尤其是科技型中小企业，受限于自身实力和经营规模等因素，很难在主板市场实现融资。

在创业板条件尚不成熟、短期内无法推出的情况下，我国资本市场的建设者采取分步走策略，先在深交所设立中小板，在主板市场制度框架内相对独立运行，集中安排符合主板发行上市条件的企业中规模较小的企业上市，为创业板市场建设积累运作经验和监管经验。中小板旨在为主业突出、具有成长性和科技含量的中小企业提供直接融资平台，帮助中小企业解决资金瓶颈问题。先行设立中小板的制度设计虽为迂回求进之策却十分必要，众多中小企业亟须资金支持，大批高科技企业亟须市场孵化，资本市场必须契合实体经济内在需求，尽快搭建多层次的资源配置平台，发挥优化金融资源配置、引导要素有序流动的作用。

2004年5月17日，经国务院批准，中国证监会批复同意深交所在主板市场内设立中小企业板块；5月27日，中小板启动仪式在深圳举行；6月25日，首批8只新股在中小板上市交易。中小板运行遵循主板市场的法律法规，中小板上市公司要符合主板市场的发行上市条件和信息披露要求。中小板采取非独立的附属市场模式，也称一所两板平行制，即中小板附属于深交所，作为深交所主板市场的组成部分；但又是一个相对独立的板块，实行运行独立、监察独立、代码独立、指数独立。中小板为流通盘大约在1亿元以下的创业板块，是相对于主板市场而言的，有些企业的条件达不到主板市场要求，只能在中小板市场上市。中小板是我国资本市场改革创新的先行者和试验田,为投资者提供了新的投资渠道、投资品种、投资机会,有利于进一步明晰沪深市场功能划分,有利于在更大范围发挥资本市场的资源配置功能。作为向创业板过渡的产物,中小板培育了中小企业上市融资的意识,带动一批企业建立现代企业制度、规范公司治理结构。许多原来无缘主板市场的中小企业走进资本市场,打通了资金血脉,推动了转型升级,规模由小到大、实力由弱变强,成长为各自行业的领跑者。

　　然而,进入中小板的企业主要是即将进入或已经进入成熟期、盈利能力强、整体效益高但规模较主板小的中小企业。与真正的创业板相比,中小板进入门槛很高,上市条件非常严格,接近主板市场。经审核进入中小板交易的公司股票以"小盘"为突出特征,并没有强调"创业""科技"等价值元素。一些成长性好的科技型中小企业因达不到上市条件而被拒之门外,融资难、融资贵的困境并未得到根本化解。中小板呈现出科技含量不高、创新能力有限等问题,其服务中小企业融资和发展的定位显得比较尴尬。正如成思危所说:"中国股市发展的时间还不很长,期望它马上改善,是不现实的。"作为一个"妥协的产物",中小板只是创业板启动的前奏,是一种过渡性的制度安排,更多体现创业板的符号和象征意义。中小板创设之后,深交所紧密结合市场需求,对发行条件、上市标准、股份流通、交易模式、公司监管、市场监察、退市制度等各环节进行了深入研究,坚持从严监管,打造"诚信"之板,不断推进制度创新和产品创新,为建立创业板积累了较为丰富的经验。

二、千呼万唤始出来的创业板

　　创业板又称二板市场,是对主板(一板市场)的重要补充,致力于为那些暂时不具备条件在主板上市的创业型企业、中小企业和高科技产业企业提供融资途径和成长空间。美国纳斯达克是创业板的典型,培育了一大批高科技巨人,推动了高科技产业发展,对世界各大资本市场产生较强的示范效应。创业板在上市门槛、监管制度、信息披露、交易者条件、投资风险等方面与主板有较大区别。创业板作为一个前瞻性的市场，更加注重企业的成长性与创新能力，主要为处于起步阶段、尚未大量盈利但有良好发展前景和增长潜力的中小企业提供融资服务，上市标准大大低于成熟的主板市场。创业板也是高风险市场，在创业板上市的公司发展相对不成熟，特别是将高科技转化为现实的产品或服务具有明显的不确定性，因而风险相对较高。由于创业板上市具有门槛低、高风险的特性，在信息披露方面的监管自然也比主板更为严格。创业板既是一个门槛低、风险大、监管严格的市场，也是一个孵化科技型、成长型企业的摇篮。

成思危对我国风险投资和创业板贡献卓著，发挥了奠基性的作用。1998年3月，成思危代表民建中央在全国政协九届一次会议上提交了《关于借鉴国外经验，尽快发展我国风险投资事业的提案》。《提案》指出，"当代国际社会的竞争是综合国力的竞争，归根到底是科学技术的竞争，为了加快社会主义现代化建设，并在国际竞争中处于有利位置，必须借鉴国外风险投资的成功经验，大力发展风险投资事业，推动科技进步""目前我国的股票市场刚刚建立，能够上市的高新技术企业数量很少；产权交易市场不发达，高技术企业不能自由地转换产权，很大程度上阻碍了风险投资业的发展"。此提案被列为当年全国政协会议的"一号提案"，由此开启了中国设立创业板的征程。同年，成思危提出创业板"三步走"发展思路：第一步是在现有法律框架下，成立一批风险投资公司；第二步是建立风险投资基金；第三步是建立包括创业板在内的风险投资体系。在当时，创业板从提议到筹建，各项准备工作都在紧锣密鼓地推进。然而，直至2009年10月30日，中国创业板才正式上市。其间历尽波折，可谓"十年磨一剑"。从1999年起，深交所开始着手筹建创业板。到2000年10月，深交所停止在主板市场发行新股，并顺利完成创业板市场交易、结算、通讯、监管系统的测试,创业板呼之欲出。然而事情的发展往往难以预料,纳斯达克综合指数在 2000 年 3 月 10 日创造 5 048. 62 点的最高纪录后一路下跌,互联网泡沫破灭,全球创业板市场应声暴跌,遭受重创。由于担心中国设立创业板也会出现这种状况,筹建工作就此停滞下来。2002 年,成思危提出创业板"小三步走"建议,第一步是把发审委已经通过的小盘股集中起来开辟一个中小企业板块;第二步是适当降低条件,逐步扩大这个板块;第三步是条件成熟时建立一个完整的、独立的创业板。2004 年 5 月,中小板获批设立;6 月深交所恢复发新股,8 只新股在中小板上市,此举被视为分步推进创业板市场建设的重要步骤。2006 年之后,随着股改渐入佳境,尽快设立创业板又提上议事日程。2008 年 3 月,证监会发布《首次公开发行股票并在创业板上市管理办法(征求意见稿)》。2009 年 3 月 31 日,证监会正式发布《首次公开发行股票并在创业板上市管理暂行办法》,自 2009 年 5 月 1 日起施行。2009 年 10 月 23 日,酝酿 11 年之久的中国创业板举行开板启动仪式,10 月 30 日首批 28 家公司集中上市。

在中国发展创业板,既是为中小企业提供更便捷的直接融资渠道,建立风险投资退出机制;也深刻体现加快转变经济发展方式,实施创新驱动发展战略,培育战略性新兴产业的内在需求。与中小板不同,创业板从深交所中单列出来,其运作采取独立模式,拥有独立的组织管理系统和交易系统,采用不同的发行上市标准和监管标准。也就是说,创业板不再附属于主板市场,而是一个完全独立的市场。创业板服务的企业成长性特点突出,具有一定的规模和盈利能力,在技术创新、经营模式创新等方面活跃度非常高。创业板正式推出,标志着一个与主板市场平衡的崭新市场由此诞生,我国多层次资本市场体系建设迈出了具有重要意义的一步。作为落实国家自主创新战略的重要平台,创业板通过建立风险共担、利益共享的机制,吸引社会资本广泛参与创新创业,有效缓解了科技型中小企业的融资瓶颈;

为风险投资提供"出口",促进风险投资良性循环,提高风险资本的流动性和使用效率;增加企业股份的流动性,便于企业实施股权激励,促进核心员工提高创新绩效,保持企业持续发展的动力。不仅如此,创业板还形成了"相马"与"赛马"两种机制,先通过发审委、风险投资的筛选,再到市场上比拼角逐、优胜劣汰,最后留存下来的便是真正的精英。创业板自设立以来总体运行良好,完善了科技型中小企业的投融资链条,有效担负了为创新创业活动"输血"的使命,促进了科技成果产业化,创业板已成为我国高新技术企业的聚集地。但也要清醒地看到,创业板市场存在市盈率过高、超募资金过多、"体制性造富"等弊端,内幕交易和市场操纵行为也时有发生。因此,必须坚持依法全面从严监管,深化创业板市场改革,扩大对创新创业企业的包容性和覆盖面,将创业板打造成新时代创新资本形成的市场化引擎,为深化供给侧结构性改革、建设创新型国家提供更加有力的金融支撑。

三、新三板的前世与今生

"新三板"全称为全国中小企业股份转让系统,是相对于"老三板"(或称"旧三板")而言的。所谓"老三板",指的是 2001 年 7 月为解决原 STAQ 系统和 NET 系统①挂牌公司股份转让遗留问题而设立的证券公司代办股份转让系统,该系统其后承接了沪深交易所退市公司的股份转让功能。2006 年 1 月,国务院决定在原有证券公司代办股份转让系统内增设中关村科技园区股份报价转让试点,允许中关村科技园区内注册企业在符合条件的情况下,进入证券公司代

---

① STAQ 系统和 NET 系统合称"两网"或"两网交易系统",主要进行法人股交易。STAQ 系统的全称是全国证券交易自动报价系统,于 1990 年 12 月 5 日正式开始运行,该系统是一个基于计算机网络进行有价证券交易的综合性场外交易市场。NET 系统的全称是全国电子交易系统,1993 年 4 月 28 日投入试运行,该系统利用覆盖全国的 100 个城市的卫星数据通信网络连接起来的计算机网络系统,为证券市场提供证券的集中交易及报价、清算、交割、登记、托管、咨询等服务。1999 年 9 月 9 日,STAQ 系统和 NET 系统停止运行。

办股份转让系统实行协议方式股权转让。此后，在国家大力发展场外交易市场、构建多层次资本市场体系的政策指导下，中关村科技园区非上市股份公司股份转让系统试点逐步扩容升级为全国中小企业股份转让系统，经历了从小范围、区域性试点到面向全国的发展历程。2012年新三板第一次扩容，首批扩大试点新增上海张江高新技术产业开发区、武汉东湖新技术产业开发区、天津滨海高新区。2012年9月20日，作为全国中小企业股份转让系统的运营管理机构，全国中小企业股份转让系统有限公司在国家工商总局注册，2013年1月16日正式揭牌运营。2013年12月14日，国务院发布《关于全国中小企业股份转让系统有关问题的决定》，规定"境内符合条件的股份公司均可通过主办券商申请在全国股份转让系统挂牌，公开转让股份，进行股权融资、债权融资、资产重组等"。新三板全面扩容到全国，不再受高新园区、所有制、高新技术企业的限制。2013年12月30日，全国中小企业股份转让系统有限公司发布修订后的业务规则及配套制度，正式开始接受全国范围的申报材料。此后，通过推出做市商制度、发布三板成指和三板做市指数、实施新三板分层与交易制度改革等一系列重磅举措，新三板驶入发展"快车道"，挂牌企业呈爆发式增长并于2016年12月19日突破1万家，新三板点亮了中小企业的"万家灯火"。

全国中小企业股份转让系统是经国务院批准、依据证券法设立的全国性证券交易场所，在场所性质和法律定位上与证券交易所相同，与上海证券交易所、深圳证券交易所并列为三大全国性证券交易场所。新三板在服务对象、投资群体等方面明显不同于主板、中小板和创业板，专门针对创新型、创业型、成长型中小微企业，为非上市股份有限公司的股份公开转让、融资、并购等相关业务提供服务，且以机构投资者为参与主体。较低的挂牌企业准入门槛和较高的投资者门槛，形成融资需求大于投资需求的供需不平衡结构，体现了鲜明的市场导向,创新性好、成长性高、盈利能力强的企业更易获得投资者的深度关注和热切追捧,经营优势不明显的企业则会受到资本的冷遇甚至被淘汰出局。新三板凭借包容性的制度设计和市场化的运作模式,吸引众多企业、投资机构、专业服务机构云集于此,资源汇聚效应显著,迅速成为"小而美"的中小微企业对接资本市场的主渠道。新三板作为全国统一监管下的场外交易市场,在定位上更接近"中国的纳斯达克",不仅是完善多层次资本市场体系的重要一环,更被赋予经济转型助推器和金融改革试验田的战略地位。

与传统金融服务方式相比,普惠金融的覆盖面更广、可获得性更强、长尾特征更为突出。破解中小微企业融资难融资贵问题,是普惠金融的重要内涵,也是回归金融本质的应有之义。新三板针对中小微企业特点,创设了特有的"小额、快速、按需"的市场化融资制度,使中小微企业及投资者更便捷地享受到普惠金融的雨露甘霖。其一,新三板挂牌企业可以采取定向增发等股权融资方式融资。企业挂牌前不是公众公司,不能公开转让,定价得不到公允认可,挂牌后获得流动性溢价,估值较挂牌前明显提升;同时,为风险投资提供寻觅优质项目的重要渠道和新的退出机制。其二,挂牌企业能通过股权质押、中小企业私募债等债权融资方式融资。在新三板"用市场化手段消除间接融资中的严重信息不对称问题"和"授之以鱼不如授之以渔"的理念指导下,通过改制辅导和持续监督,企业运作更加规范,信用水平进一步提升,从而降低取得银行贷款的难度,已有多家银行为新三板挂牌企业提供股权质押银行贷款业务。由于中小企业私募债的发行审核采取备案制,审批周期更快,而且对发行人的资产、盈利状况无硬性要求,正在对更多挂牌企业产生吸引力。尽管新三板具有独立的市场地位,企业挂牌并非转板上市的过渡安排,但新三板作为场外市场的基石,无疑为挂牌企业进入更高层次资本市场提供更多的便利和条件,从而发挥上市公司的"孵化器"和"蓄水池"作用。

由于新三板是一个新兴的市场，不断在探索中前行、在实践中成长，现阶段还存在交易机制不完善导致市场流动性不足、分层之后制度供给未能及时跟进、炒作气息浓厚等问题。作为多层次资本市场建设的桥头堡，新三板承载着拓宽中小企业融资渠道、培育和孵化战略性新兴产业以及激发社会创新潜能的重大使命，必须始终坚守服务创新型、创业型、成长型中小微企业的定位，以问题和需求为导向，健全基础制度，提升核心功能，实现投融资精准对接，确保制度红利向优质企业倾斜，更好地发挥"苗圃"和"土壤"功能。

第二节 深化多层次资本市场改革

建立和完善多层次的组织体系，资本市场才能更好地满足不同类型企业的融资需求和不同风险偏好投资者的投资需求。从 20 世纪 90 年代发展至今，我国资本市场规模不断扩大，制度不断完善，结构不断优化，初步形成包括主板、中小板、创业板、新三板以及区域性股权市场①和证券公司柜台市场②等、以京沪深三地格局构成的多层次资本市场体系，能够提供多种类型的业务模式、多种水平的风险产品以及多层次的金融产品和服务，为我国经济转型升级夯基赋能。各层次市场在功能定位、服务实体经济方面的差异化发展，有利于各类企业与不同市场形成股权融资匹配关系。从总体来看，主板主要面向大型蓝筹企业，中小板主要面向中型稳定发展的企业，创业板主

---

① 在我国，区域性股权市场被称为四板市场，是主要服务于所在省级行政区域内中小微企业的私募股权市场，是多层次资本市场体系的重要组成部分。区域性股权市场有利于促进中小微企业股权交易和融资，推动技术创新和激活民间资本，加强对实体经济薄弱环节的支持。这类市场的设立，使资本市场服务重心下移，服务实体经济的广度和深度大为拓展。

② 证券公司柜台市场是指证券公司为与特定交易对手方在集中交易场所之外进行交易或为投资者在集中交易场所之外进行交易提供服务的场所或平台。从成熟市场发展历史来看，证券公司柜台市场是资本市场体系的重要组成部分，是交易债券和衍生品的最大市场。证券公司柜台市场是对交易所市场的有力补充，可为非上市非公众公司提供金融服务，进一步拓展资本市场服务实体经济的范围。在我国多层次资本市场体系中，证券公司柜台市场被视为最底端的五板市场，也是目前真正意义上的 OTC 市场（场外交易市场）。

要服务于科技成长型企业,新三板主要针对创新型、创业型、成长型的中小微企业,区域性股权市场旨在为地方小微企业提供融资、转让、流转服务。应当指出的是,我国资本市场形式上的多层次并没有完全实现实质上的"多层",不同市场之间的区分还不显著,尚未真正形成差别化、特色化的资本市场模式。此外,在市场结构、投资者结构、板块衔接等方面仍存在一些亟待改进和提升的地方。随着我国多层次资本市场改革的不断深化,市场组织体系进一步完善,资本市场服务国民经济与社会发展的功能将会得到更好发挥。

一、"倒金字塔"转向"正金字塔"结构

国外成熟资本市场通常呈"正金字塔"结构,顶层是交易所市场,庞大的场外交易市场则构成其底层基座。美国资本市场属于典型的"正金字塔"结构,顶层为纽约证券交易所,创业板市场以纳斯达克为代表,OTC市场以公告板市场和粉单市场为代表。美国的OTC市场准入门槛低、融资成本低、交易非常活跃,一大批高科技企业在此汲取茁壮成长的"养分",OTC市场不仅为美国中小企业提供了重要的融资平台,也成为主板市场和二板市场的有效补给。美国资本市场遵循自下而上的发展模式,先是人们的自发交易需求形成场外市场,后来在制度与技术的支持下逐步演变为协同发展的场内市场和场外市场。与美国资本市场在华尔街的梧桐树下开始场外交易不同,我国资本市场发端于位居顶层的沪深交易所。沪深交易所的设立并非市场自发交易需求发展到一定阶段自然形成的,而有其特定的时代背景和历史原因,对于解决国企改革问题发挥了至关重要的作用。直到2004年和2009年我国才先后设立中小板、创业板,之后才是准入门槛更低的新三板。可见,我国资本市场并未遵循从低级形态到高级形态的自发演进顺序,而是先发展高层级市场,再逐步向低层级市场拓展和延伸。这种由高到低的独特发展路径带来一个头重脚轻的"倒金字塔"结构。在这种颠倒的结构下,"'塔尖'市场参与者多达上亿,而'塔基'市场则由于种种原因,投资门槛较高。这种不合理、不舒畅的格局,一方面使得企业融资'千军万马挤独木桥',主板市场的 IPO'堰塞湖'现象严重;另一方面,本应作为'塔基'的场外市场发展不足,使得大量新兴产业企业、中小企业的融资需求得不到满足。"[①]"分层次看,主板,优质企业进入难,劣质企业降板难;中小板,门槛过高,大企业扎堆;创业板,对成长和创新的要求低,对规模和效益的要求高;新三板,发展不够成熟,还未形成体系与规模效应;区域股权交易市场和其他场外市场,存在区域壁垒,服务严重滞后。"[②]市场层次和板块结构的失衡,不仅直接导致中小微企业融资渠道以及投资者可选择的投资渠道相对狭窄,而且严重影响资源配置效率和经济均衡发展。

完善多层次资本市场体系,从根本上扭转结构失衡的格局,构建企业从创立到上市全过程、多样化、台阶式的融资机制,是我国资本市场全面深化改革的重点之一。不少专家学者对此贡献了真知灼见。譬如,祁斌认为,从顶层设计的角度,我国可以形成交易所、全国性股权转让市场、区域性场外市场及券商柜台场外市场三个大的层次。三者的挂牌或上市企业准入门槛、投资者资质管理、信息披露要求、流动性、交易方式、监管方式等有所不同,但基本原则应该一致。这三个层次市场的发展最终走向"正金字塔"结构[③]。萧琛提出矫正我国资本市场"倒金字塔"结构的三个观点:一是由"侧重需求刺激"转向"侧重供应改善";二是由"侧重顶层攻坚"转向"侧重基层支撑";三是由侧重"监审合一"(集权)转向"监审分离"(分权)。[④] 辜胜阻指

---

① 吴锦才、费杨生:《四项要求指引方向 股市改革好戏连台》,载《中国证券报》,2015 年 11 月 25 日。

② 左永刚:《辜胜阻:繁荣多层次资本市场可抗通缩》,载《证券日报》,2015 年 2 月 28 日。

③ 祁斌:《关于多层次资本市场体系的十点思考》,载《中国证券期货》,2014 年第 6 期。

④ 萧琛:《论中国资本市场"倒金字塔"结构的矫正——"简政放权""草根创业"与股市供应面改善》,载《北京大学学报(哲学社会科学版)》,2014 年第 6 期。

出,要想继续打造与企业构成相匹配的"正金字塔"资本市场结构,一方面,资本市场各个板块要明确自身定位,构建层次分明、功能互补的有效体系;另一方面,要重点从场外市场着手,夯实多层次资本市场的塔基。^① 在刘纪鹏看来,我国资本市场"倒金字塔"的不合理格局表现为:其一,沪深两大交易所形成垄断格局;其二,作为多层次资本市场的"塔基",场外市场发展不足。突破资本市场局限性应从新三板入手,在高速扩容的同时明晰未来发展定位及调整内部管理思路,有助于打破当前沪深交易所垄断的局面,对资本市场竞争格局的形成及多层次化的发展具有重要意义。^② 封北麟指出,我国多层次资本市场目前状况是主板市场发展的规模最大但低端的区域性股权交易市场发展非常滞后。要进一步推动区域性股权交易市场建设,应在监管层面和政策方面给予更大力度的支持,为更为广泛的科技型企业提供有效金融服务的平台,为全国性市场的发展提供优质的后备军。^③ 学者们从不同的视角和层面就"翻正"我国资本市场长期以来的"倒金字塔"结构展开探究,颇有启示意义和借鉴价值。

我国多层次资本市场体系已初具雏形,资本形成机制持续优化,市场的覆盖面、包容性、承载力不断提升。破解资本市场结构倒置的格局,解决好投融资匹配错位问题,必须着眼于提供全面系统和优质高效的投融资服务、推动资本市场与科技创新协同发展,围绕做实"塔基"、做强"塔身"、做优"塔尖",加强顶层设计,促进制度供给,突出精准发力。当前,大力发展新三板为重中之重,进一步明确新三板在多层次资本市场体系中的定位,推进市场精细化分层,配套差异化的发行、交易、信息披露、投资者适当性、监管等制度安排,充分释放

---

① 辜胜阻等:《构建服务实体经济多层次资本市场的路径选择》,载《管理世界》,2016 年第 4 期。
② 刘纪鹏:《资本市场"倒金字塔"之困》,载《英才》,2015 年第 2 期。
③ 封北麟:《完善多层次资本市场体系建设,助力科技金融发展》,载《经济研究参考》,2014 年第 25 期。

市场积极效应。进一步规范发展区域性股权市场和证券公司柜台市场，满足更多基础层面企业的融资和改制需求，为高层次市场储备充足的优质企业资源。继续稳步发展交易所主板、中小板、创业板市场，优化内部层次，设置差异化、多元化的上市条件，提供稳定可靠的投融资环境。通过加速翻转我国资本市场"倒金字塔"结构，使多层次资本市场发展形态与企业的组成结构相匹配，使不同发展阶段、融资需求各异的企业都能利用资本市场进行股权融资，高效发挥优化配置金融资源的作用，将改革红利转化为发展新动能，助力经济高质量发展。

二、完善升降进出机制

健全的、高效的多层次资本市场体系应是有机互联的，场内外市场不同层次绝非彼此隔离、孤立存在，而是处于一种定位清晰、功能互补、无缝对接、均衡发展的状态，从而为企业生命周期各阶段提供连续递进的融资机制和交易功能。一方面，要切实明晰各板块市场的定位和功能，完善板块内部的制度和规则，不断提升投融资能力；另一方面，着力加强板块之间的有效分工和有机联系，形成高度契合技术创新特点的直接融资链，最大限度发挥多层次资本市场服务实体经济的协同效应，最大限度实现资本供求均衡。建立不同层次市场间的有机联系，关键是要对转板做出整体性的制度安排，既包括新三板与证券交易所之间、区域性股权市场与新三板之间的联系转换，也包括同一交易场所内部不同板块之间的联系转换。"一位权威专家曾形象地比喻，我们现在要建立的多层次市场就像盖一座三层楼房，顶层是主板市场，中间是创业板，一楼乃至基石则是以代办转让平台为基础的统一监管下的全国性场外市场。而三层楼之间也不是孤立的，转板机制就像楼梯一样把各个板块有机联系在一起。"[1]转

---

① 肖渔：《三箭齐发　我国多层次资本市场加速前行》，载《证券时报》，2009 年 6 月 15 日。

板机制是多层次资本市场建设的枢纽工程,是否具有完善的转板机制是衡量多层次资本市场体系成熟与否的重要标志。不同层次股权市场最根本的差别在于定价体系和监管标准。当一个企业由小变大、蒸蒸日上,蕴含市场潜力的成长股发展为业绩稳定增长的价值股,就需要通过转板机制从低层级资本市场递升至高层级资本市场,与更高的投融资需求及相应的监管要求相一致。反之,当企业由盛而衰,也存在降级转板乃至退出市场的问题。

对一个成熟的资本市场而言,企业既能升能降,也能进能出。要深化发行上市制度改革,保持新股发行常态化,畅通优质企业上市路径,解决 IPO"堰塞湖"难题,为资本市场发展提供源头活水。常态化的发行对应常态化的退市,既要流入"清水"也要排出"污水"。退市制度是资本市场的基础性制度,是证券交易所制定的关于上市公司暂停、终止上市等相关机制以及风险警示等退市配套机制的制度性安排,对于净化市场环境、促进优胜劣汰、优化资源配置、完善市场机制意义重大。只有及时将竞争力严重衰退、白白消耗金融资源的上市(挂牌)公司淘汰出局,清扫市场信用垃圾,强化退市制度的刚性约束,才能保持资本市场健康稳定运行。我国资本市场现行的退市制度较为烦冗且效率不高,风险警示意义不大,退市缓冲设置过多,退市难、退市少的情况比较突出,难以真正发挥高效淘汰劣质企业的作用。由于退市率不高,"壳资源"仍然具有较高的市场价值,劣质公司成为炒作投机标的,优质企业反而备受资本冷遇,诸如垃圾股持续暴涨、"僵尸企业"僵而不死等现象层出不穷,理性投资、价值投资理念受到严重冲击。改革和完善退市制度是一项复杂的系统工程,涉及深层次利益调整和制度体系变革,必须科学缜密地做好顶层设计,充分考虑市场的承受力,逐步完善配套制度,形成有效的约束和制衡机制。保护投资者利益是退市制度改革的出发点和落脚点,退市制度改革能否取得实效关键在于投资者保护是否到位。因此,必须把保护投资者利益置于退市全过程的优先地位,强化信息披露和风险提示,积极推行先行赔付,完善投资者赔偿渠道,真正在退市常态化与投资者保护之间做好平衡。

企业资源在资本市场有序升降进出,是市场经济优胜劣汰铁律的重要体现。如果资本市场新陈代谢缓慢,资源配置效率就会大打折扣,导致"劣币驱逐良币",劣质资源在资本市场梗阻、沉淀、发酵,严重损害资本市场的效率和秩序。从甄别、筛选优质企业的视角来看,资本市场的不同层次对应不同企业的融资需求,有着不同的筛选机制。这些筛选机制构成一个完整的市场结构体系,保障企业递进上市或递进退市。系统的、多层次的筛选机制既有利于降低企业的融资难度和成本,为多样化投融资需求打造高效匹配的平台;也有利于推动上市(挂牌)公司提高治理水平和整体质量,淘汰挤占稀缺市场资源的劣质企业。各个板块应是互联互通的,各个层次的筛选机制应是有效衔接的,上市标准逐渐严格,企业质量也呈阶梯式上升,通过有升有降、进出有序的良性循环,使资本市场真正成为吐故纳新、动态平衡的有机整体,更好地发挥服务实体经济功能。目前,我国各层次资本市场之间的企业资源流动尚不顺畅,企业还不能随着自身发展及时转至相应层次的资本市场。主板、创业板和场外市场割裂的现状亟待改变,必须加快推进多层次资本市场的融会贯通,在各层次形成合理的资源分布,保证上市(挂牌)公司质量与其所在市场层次相适应,不断增强市场竞争活力,促进经济高质量发展。

三、优化投资者结构

资本市场受到各种利好利空因素影响,出现一定的波动是十分正常的,这也正是吸引投资者参与的根本原因之一。如果市场存在过度投机,导致股价经常暴涨暴跌,不能从总体上反映宏观经济形势和企业发展状态,甚至与现实状况背道而驰,则表明市场潜在风险不容小觑,需引起高度重视并积极矫治。我国资本市场具有典型的"浅市场"特征,市场运行的内在稳定性不足,容易受到市场外部非基本面因素的影响,无论是股票价格指数和个股股价,还是股票交易量和换手率,抑或股票发行和融资金额,时常呈现强烈波动的征象。尽管我国资本市场建立时间相对较短,但资本市场大起大落的现象并不少见,历次股灾让股价如同过山车更是令人记忆犹新,个股大面积闪崩、千股跌停已不再是罕见景象。究其原因,固然与市场主体运作不规范、交易机制不完善、投机氛围浓厚等密切相关,流动性过剩、杠杆率过高也是不容忽视的因素,尤为突出的就是投资者结构的缺陷,我国资本市场缺乏长期稳定的投资力量,导致整个市场羊群效应十分显著。资本市场要更好地发挥优化配置资源、服务实体经济的功能,投资者的成熟度以及相对合理的结构是不可或缺的条件。

据《上海证券交易所统计年鉴(2018卷)》[①]数据,截至2017年12月31日,沪市共有1.95亿投资者,其中自然人投资者1.94亿,机构投资者64.3万,自然人投资者占比超过99%。自然人投资者的交易金额占2017年交易总额的82.01%,而专业机构仅占14.76%,自然人投资者贡献的交易额约为机构投资者的5倍。2017年,机构整体盈利金额是自然人投资者的3.6倍;平均来看,2017年沪市自然人投资者平均每位盈利约1 600元,而专业机构平均每家盈利173.5万元。同时,自然人投资者的盈利金额,不及全部投资者总盈利额34 535亿元的一成。这份统计年鉴颇具权威性,直观呈现了当前A股市场的投资者结构以及自然人投资者、机构投资者的盈亏等情况。A股市场目前仍是以散户为主的市场,虽然交易活跃但盈利情况比较惨淡,投资者教育仍然欠缺,理性投资、价值投资、长期投资的理念尚未真正形成。上市公司分红(股息派现)机制不健全直接影响投资者的回报率,投资者只能通过资本利得(买卖价差)来实现收益,当买

---

① http://www.sse.com.cn/aboutus/publication/yearly/documents/c/tjnj_2018.pdf

卖价差演变成市场普遍行为，就会显著增加市场的投机性，市场波动幅度也随之加大。散户投资者对风险收益渴望程度较高，但风险控制能力较弱，加之资金规模有限、信息获取不易，热衷于炒新、炒小、短线操作，盲目跟风追涨杀跌，市场换手率居高不下，最终沦为被收割的"韭菜"也就不足为奇了。

从不成熟市场转向成熟市场的一个重要标志就是从散户投资者为主转为机构投资者为主；从短期投机为主转向长期投资为主。[①] 机构投资者具有资金、信息、技术等方面的显著优势，由投资领域的专家专职从事投资管理和资本运作，能够紧随市场变化来调整投资的方向、规模、结构，做出相对理性的决策，这在一定程度上可以抵消散户投资者非理性行为对资本市场的影响，从而发挥稳定市场的作用。与散户投资者相比，机构投资者更注重对宏观经济、行业和企业基本面的研究，尤其关注企业长期稳定盈利。在机构投资者占主导地位的成熟市场，整体呈现的状态为大市值公司估值高、小市值公司估值低，那些盈利能力强、财务风险低的公司备受投资者推崇。优质企业将低成本高效率的融资用于技术创新和经营管理，企业加速发展又为投资者创造新的更大的价值。这种良性循环有利于整个市场更加重视挖掘企业的内在价值，弱化博弈投机的氛围，培育价值投资的理念。我国机构投资者起源于20世纪90年代中后期，随着资本市场逐步发展，机构投资者经历了从无到有、不断壮大的历程，特别是2001年管理层提出"超常规发展机构投资者"，各类机构投资者在相关政策支持下得到迅猛发展，种类日益丰富，规模不断扩大。目前我国资本市场已形成由基金、券商、QFII、保险资金、社保基金、企业年金等构成的多元化机构投资者队伍，并成为影响资本市场的重要力量。随着A股市场专业机构投资者和长线投资资金占比逐步提

---

① 刘鸿儒:《强化两个支柱　理顺一个观念——关于当前资本市场发展的问题的一点看法》,载《西南金融》,2005年第5期。

升,投资者结构不断优化,机构化的趋势特征有助于推动市场定价逐步回归经济和企业基本面,投资理念也在逐渐聚焦业绩与价值。

然而,从近年来 A 股的实际表现来看,尽管机构投资者占全部投资者的比重逐渐递增,但其稳定资本市场、抑制股价异常波动的作用并没有充分发挥,股市暴涨暴跌的格局尚未根本扭转。诸如内幕交易、"老鼠仓"、操纵股价等违法违规行为依然频发,严重扰乱了资本市场的秩序,损害了广大中小投资者的切身利益。由于受到业绩排名、申购赎回、结构化产品等因素的影响,机构投资者往往难以做到长期投资,机构投资者散户化成为股市常态。通过讲故事打开想象空间、制造资本利得预期在市场上流行开来,一些机构投资者利用资金优势和信息优势获取短期暴利,甚至有的大机构的投机性比散户还要强烈,本欲引导价值投资却变为诱发价格投机,这也加剧了 A股市场的投机性和波动性。培育和发展机构投资者、优化投资者结构依然任重道远,既要从"量"上提高机构投资者的占比,更要从"质"上引导市场价值投资导向,增强投资者教育的针对性和实效性,完善相关法律法规,强化依法全面从严监管,从根本上遏制投机炒作之风,使市场投资风格逐渐向以"买股票就是买公司"为核心理念的价值投资转换。

第三节　短　论

在斯密看来,分工带来的专业化能够促进技术进步,技术进步促使报酬递增,而分工的进一步发展依赖于市场范围的扩大。分工既是经济进步的原因也是其结果,分工与专业化应成为研究经济增长和社会发展的出发点。杨格在《递增报酬与经济进步》一文中悉心研究分工、交易费用和市场范围的关系,重新阐发斯密关于分工与市场规模的思想,后来被称为"杨格定理"。"杨格定理"的要点包括:第一,不能只考察单个厂商和某个特定行业的规模变化效果,必须将整个产业的经营视为相互联系的整体,累进的行业分工和专业化才是实现报酬递增过程的基本组成部分;第二,有保证的收益递增依赖于渐进的劳动分工,劳动分工水平的大小是由个人的专业化水平、间接生产链条的长度及此链条上每个环节中产品的种类数综合决定的;第三,劳动分工与市场规模相互作用、彼此增进;第四,需求和供给是劳动分工的两个侧面,分工中所有人作为生产者和消费者的地位是对称的,每个人的需求都是由其供给决定的,杨格称之为"倒数需求律"。马克思相对剩余价值理论的核心内容就是资本家通过改进技术、分工协作、优化管理等各种手段,提高劳动生产率,相对延长工人的劳动时间,进而最大限度攫取剩余价值。起初,这种分工与协作还局限于企业内部至多延伸到整个产业,更多是在生产领域进行探讨。相对剩余价值在生产领域产生、向生产领域之外展开,其生产与实现总是要求最大化利用市场资源和社会资源,纳入资本逻辑无休止的扩张中。现代化分工与协作是伴随工业革命而兴起的生产组织方式,具有高效率、低成本、广覆盖等显著特征,渗透社会经济生活的方方面面,深度契合相对剩余价值生产与实现的内在逻辑。金融分工是现代化分工与协作在金融领域的具体展现,基于风险分担机制不同,形成银行中介的间接融资和资本市场直接融资的基本划分,也包括资本市场内部不同层次、不同板块的划分。

金融体系内的合理分工、相互补充、协同发力,能够有效分担经济活动的风险,对于维护经济稳定运行至关重要。总体来看,我国金融结构长期失衡,直接融资比重偏低,资本市场分工错位,实体经济过度依赖银行信贷,房地产市场、地方政府融资平台、潜在不良贷款、影子银行、企业高负债等方面的风险逐渐累积并相互交织。增加直接融资比重,促进直接融资和间接融资均衡发展,有利于防范和化解金融风险,维护金融体系和宏观经济稳定。多层次资本市场能够提供多元化的股权融资,改变过度依赖银行体系的局面,降低实体经济杠杆率,有利于促进生产要素自由流动,激发经济增长活力。

就支持企业技术创新融资而言,资本市场比银行中介更具分工优势。新技术研发及其市场化充满了不确定性,资本市场中的投资者本着对自己高度负责的态度,自然会用心对该项技术的前景进行分析、做出预判;再者,各个投资者仅分担其认购份额的有限风险,技术创新蕴含的高风险就这样通过资本市场被众多投资者集体分担。而银行更多追求规模经济效应,承担的风险比较集中,必须将规避风险置于首位,银行融资方式更适合那些资金需求量大、信息准确、风险可控的传统产业,对高风险的创新性项目持谨慎态度。在沪深交易所之后,我国先后开设了中小板、创业板、新三板,在资本市场与技术创新有效结合上积极探索,支持技术创新的多层次资本市场体系轮廓初显。然而,一些科技型中小企业仍未真正走出融资难、融资贵的困境,深刻反映了我国资本市场欠发达、市场层次不丰富、市场分工不完善、投融资需求没有高效匹配的矛盾。我国资本市场仍处于"新兴加转轨"阶段,一些体制性、机制性问题依然存在,在风险分担和支持技术创新融资方面表现还不尽如人意,与经济高质量发展要求尚未完全适应,未来发展还有很大的潜力和空间。

大力发展多层次资本市场是破解广大中小企业特别是科技型中小企业融资困局的重要路径,是完善现代市场体系的重要内容,也是促进我国经济转型升级的一项战略任务。加快多层次资本市场体系建设,必须坚持把服务实体经济作为根本目的和评价标准,将支持科技型中小企业作为重要的战略抓手,以全面优质高效的服务推动经济保持中高速增长和迈向中高端水平。通过深化多层次资本市场改革,进一步细化资本市场体系不同层次之间的分工,形成一个分工合理、层次分明的有机整体,使符合条件的企业均有机会进入资本市场融资,充分发挥资本市场服务技术创新的分工优势。需要重点把握的是:其一,从"倒金字塔"结构转向"正金字塔"结构,使多层次资本市场发展形态与企业的组成结构相匹配,更好适应企业在不同发展阶段的融资需求;其二,完善升降进出机制,进一步明确各板块市场的定位和功能,加强各层次各板块的分工与协作,形成企业进退有序、市场转板顺畅的良性循环,真正实现资本市场的新陈代谢和优胜劣汰;其三,优化投资者结构,在增加机构投资者比重的同时强化价值投资理念,积极引导有限的金融资源聚焦符合产业发展趋势、体现技术创新要求的优质企业。

第六章

锻造新时代"国之重器"

　　伴随中国特色社会主义进入新时代,资本市场迎来了新的发展契机、承载着新的使命担当。党的十九大报告提出"深化金融体制改革,增强金融服务实体经济能力,提高直接融资比重,促进多层次资本市场健康发展"。这是推动金融改革发展的根本指针,也对资本市场建设提出了更高要求。资本市场要积极适应转变发展方式、优化经济结构、转换增长动能、深化供给侧结构性改革的经济新常态,深度契合我国经济从高速增长转向高质量发展的阶段特征,自觉回归金融服务实体经济的本源,主动承接激发微观市场主体创新创业活力、强化创新作为引领发展第一动力的直接融资需求,牢牢把握经济金融国际化趋势、服务"一带一路"建设的开放发展机遇,更好地服务经济发展质量、效率、动力的深刻变革,锻造新时代"国之重器"。据《中国证券报》报道,党的十八大以来的五年,我国股市总市值增长近 1.5 倍,总市值稳居世界第二位。同时,我国证券行业在资本实力、发展理念、服务质量、规范水平、市场竞争力等方面都有了显著提升和改善。五年来,证券行业服务企业完成股权融资 6 万亿元、债权融资 15 万亿元、并购重组交易 3.5 万亿元。资本市场在促进资本形成、优化资源配置、服务实体经济和投资者方面发挥着越来越重要的作用。[①] 尽管现阶段我国资本市场"新兴加转轨"特征没有改变,仍不够成熟、不够完善,依然存在诸多亟待解决的深层次问题,但时至今日,对于资本市场在社会主义市场经济和现代金融体系中的重要地位,已成我国社会的广泛共识。中国资本市场正以融资功能完备、基础制度扎实、市场监管有效、投资者权益得到充分保护为根本指针,沿着市场化、法治化、国际化的改革方向铿锵前行,必将推动我国由资本大国跃升为资本强国,为实现中华民族伟大复兴的中国梦、建成社会主义现代化强国提供重要动力和雄厚支撑,为发展中国家走向现代化贡献更多中国智慧、创造更多中国经验。

第一节 新时代资本市场的使命担当

新时代的新发展理念指引我国从高速增长阶段转向高质量发展阶段。建设现代化经济体系是紧扣新时代我国社会主要矛盾转化、落实中国特色社会主义经济建设布局的内在要求,是决胜全面建成小康社会、开启全面建设社会主义现代化国家新征程的重大任务,也是主动适应并积极引领以增速转轨、结构转型、动能转换为主要特征的经济新常态的迫切需要。建设现代化经济体系,必须坚持把发展经济的着力点放在实体经济上,用改革的办法清理实体经济发展的障碍,以创新驱动实体经济高质量发展,引导资本、技术等各类生产要素更多地向振兴实体经济聚集。金融作为现代经济的核心、配置资源要素的枢纽、调节宏观经济的杠杆,必须回归服务实体经济的本源,通过构建有效的金融体系降低隐性交易成本和风险,为实体经济

---

① 《砥砺奋进 资本市场迈向新征程》,载《中国证券报》,2017 年 10 月 25 日。

提供功能多样、成本合理、便捷高效的融资服务,将更多的金融资源配置到经济社会发展的重点领域和关键环节,真正体现经济运行"血脉"的价值。

实现经济高质量发展,必须坚持质量靠前、效益优先,以供给侧结构性改革为主线,推动质量变革、效率变革、动力变革。质量变革主要表现在两个方面:产出的产品是中高端产品,高技术、新技术、绿色产业的比重不断上升;效率变革,就是不断提高劳动生产率、资本产出率和全要素生产率;动力变革旨在实现新旧动能的转换,由要素驱动、投资驱动转向创新驱动。资本市场作为现代化经济体系的"金融基石",深度契合经济发展质量、效率、动力变革,对于引导创新资本形成、推动创新资本循环、培育经济发展新动能、完善产权制度和要素市场化配置,发挥着极为重要的作用。全方位对接国家重点战略、加快多层次资本市场体系建设、提高直接融资比重,服务迈入新时代的宏观经济更圆满地实现转型升级、结构调整、效率提升的目标,为全面建成小康社会、全面建设社会主义现代化国家贡献力量,这是资本市场在新时代担负的"国之重器"新使命。

一、高效匹配技术创新直接融资需求

目前,我国中小企业具有"五六七八九"的典型特征,贡献了50%以上的税收,60%以上的GDP,70%以上的技术创新,80%以上的城镇劳动就业,90%以上的企业数量,是国民经济和社会发展的生力军,是建设现代化经济体系、推动经济实现高质量发展的重要基础,是扩大就业、改善民生的重要支撑,是企业家精神的重要发源地。[1]中小企业已成为我国国民经济和社会发展的重要支撑力量,在快速发展的同时也面临诸多问题。其中,融资难是阻碍中小企业加快发展最突出、最普遍的问题之一。我国中小企业对银行信贷的依存度

---

① http://www.gov.cn/guowuyuan/2018-08/20/content_5315204.htm

仍然较高，直接融资占比总体偏低，融资结构不合理是制约中小企业发展、制约金融服务实体经济的一大短板。对企业而言，过于依赖银行贷款的融资方式往往带来高杠杆融资、低效率融资等风险隐患；对银行来说，信贷规模高企，尤其是不少"僵尸企业"、产能过剩行业存在大量呆账坏账，导致金融风险压力更多集中于银行体系。不仅如此，由于直接融资市场不够发达，影子银行持续膨胀，其期限错配、流动性转换、信用转换和高杠杆等特征，且游离于监管体系之外，容易引发系统性金融风险和监管套利等问题。化解社会融资结构中的矛盾，关键是要大力发展直接融资，完善直接融资和间接融资均衡发展的金融体系。融资功能是资本市场服务实体经济最重要的手段，融资功能完备是资本市场最重要的基石之一。不同层次的资本市场在发挥各自功能的同时又相互协调补充，形成既具动态特征又有相对稳定性的完整体系，能够有效满足质量、规模、风险程度不同的企业的融资需求。

资本是技术创新的关键要素之一，资本市场应成为推动技术创新的主渠道。创新企业往往缺乏固定资产，很多创新之举尚停留在概念层面或只有知识产权的技术，很难获得银行信贷的青睐。我国金融业每年为数庞大的贷款，更多流向房地产、地方融资平台及一些产能过剩行业，技术创新领域的贷款虽在逐渐增加，但总量依然十分有限。由于金融机构对技术创新项目的贷款比例不高，加之风险投资机制尚不健全，企业内源性融资入不敷出、捉襟见肘，难以支撑持续创新的投入需求。资本市场是配置金融资源的最佳渠道之一，创新企业在此融得技术研发及成果转化所需的资金，能够加速技术成熟化、成果产品化、产品市场化、市场规模化，形成技术创新与资本回报的良性循环。技术创新是个非常复杂的动态的过程，对创新资本供给者提出了极高的要求，创新资本在介入时点、退出渠道、风险识别等方面表现如何，深刻影响着技术创新活动的成败。通过加快多层次资本市场体系建设,打造创新资本形成中心,为创新企业提供全周期、多方位的融资和培育服务,使资本市场支持技术创新更具针对性和匹配性,真正实现金融资本与技术创新的无缝衔接、深度融合,充分发挥金融支持实体经济转型升级的重要功能。

资本市场天然具有逐利性、专业性、信息不对称性等特点,资本市场的交易机制又普遍建立在委托、信托等法律关系之上,这对市场主体的诚信水平提出了很高的要求。诚信是资本市场的基石和"生命线",是资本市场功能释放和交易安全的根本保障,资本市场的信用根基一旦动摇,其投融资功能就会严重受损。我国资本市场脱胎于经济社会转型时期,在诸多复杂关系和矛盾摩擦中前行成长,一直以来,虚假信息披露、内幕交易、操纵市场等违法失信行为屡禁不止,严重侵害了广大投资者特别是中小投资者的合法权益,市场的公正性、有效性饱受质疑和诟病。我国资本市场要真正发挥对实体经济尤其是技术创新的强大支撑作用,必须下大力气根治诚信缺失的沉疴痼疾。以风险投资为例,只有市场具备完善的信用基础,风险投资者才敢将资本投给一无所有的创业者,与创业者携手并进走向巅峰最终功成身退,而不是整天担忧投资被卷走甚至四处追着"老赖"讨债。现实中,风险投资往往既要面对市场风险,更要防范社会风险、人文风险,信用环境不优仍是制约孵化高新技术企业的重要因素。《硅谷之路》一文深刻阐释了信用资源对于技术创新的极端重要性,并生动呈现我国风险投资市场信用严重缺失的众生相,"高科技产业的风险相当大,技术风险与资本风险并存,市场风险与管理风险互动,经营风险与道德风险共生,各种风险纵横交错。要经受住如此大的风险考验,没有足够的信用资源是不行的。丰厚的信用资源历来是最大限度减小风险必不可少的因素。越是风险投资,越需要信用资源的有力支持。现实中,盗版者主宰着科技园区的命运;创业中心异化成骗子的宿营地;风险投资家常常因把时间耗费在风险企业家的信用资质调查上而错过了宝贵的投资机会；风险企业家一旦拿到风险投资就立即'变脸'，甚至会携款潜逃；恶性连环的三角债往往会把前途看好的高科技企业拖入困境；战略投资家不敢牺牲眼前利益去赌明天，孵化器不愿承担创业风险；中介机构、猎头公司总是有一种捞一把是一把的投机心理……"①在信用严重缺失的市场环境中，投资者与发明者很难真正结合在一起，创新创造之苗也难以成长为支撑转型发展的参天大树。尽管我国资本市场诚信建设持续推进并初见成效，但由于缺乏契约精神的深厚根基，加上失信成本仍然较低、守信激励的制度安排不足，失信者得利、守信者吃亏的倒挂现象尚未彻底扭转。从根本上破除这种"劣币驱逐良币"的逆向激励效应，一是要坚持猛药去疴，加大对失信行为的惩治力度，大幅增加失信行为的成本；二是要坚持重典治乱，强化对失信行为的法律规制尤其是刑法规制，形成有力的法治保障体系；三是要坚持激浊扬清，加快完善社会信用体系，编织惩戒失信行为的"天罗地网"，使失信行为成为失信者一生的污点，一处失信、处处受限，在市场中寸步难行；同时，最大限度为守信者降低交易成本、提供优先机会，营造褒扬诚实守信行为的浓厚氛围，变"要我诚信"为"我要诚信"，真正将诚信转化为情感认同和行为习惯。

二、充分保护投资者合法权益

目前，我国资本市场仍是中小投资者占据绝对多数的比重，他们通过资本市场投资上市公司，却很难分享到资本市场的财富效应和上市公司的发展红利。在股市持续低迷的情况下，个股股价接连下跌，有的被"腰斩"甚至"膝斩"，每每进场抄底却又抄在了"半山腰"，基本上是买一只套一只，到股市行情上涨时相当一部分中小投资者还没有解套。在资本市场发展壮大的同时，大批中小投资者却被深

---

① 刘长明：《硅谷之路》，载《学术界》，2001 年第 5 期。

度套牢、"高山站岗",总是感到很受伤,市场信心严重受挫。广大中小投资者贡献了资本市场充裕的流动性,却被当作"韭菜"反复收割,就连表征市场热度的 A 股新增开户数也被戏称为"韭菜指数",这种不公正不合理的状况严重影响资本市场健康运行。加快发展资本市场的关键就是要强化价值投资理念,引导市场更加注重企业的长远发展和内在价值,将短期投机市场真正变为长期投资市场,使广大投资者共同分享经济发展的红利。只有把资本市场建设成为能够保护投资者尤其是广大中小投资者合法权益的市场,并且是一个能投资、有回报、可赚钱的市场,资本市场才有"源头活水",才能可持续发展、高质量发展。

由于我国资本市场起步相对较晚,发展得还不成熟、不完善,存在一些亟待解决的深层次问题和结构性矛盾,导致对投资者特别是中小投资者合法权益的保护尚不充分。中小投资者在专业知识、信息获取与甄别、风险承受等方面处于弱势,风险意识和自我保护能力不强;而一些上市公司、机构利用信息不对称实施内幕交易、操纵市场等违法违规行为,严重扰乱资本市场秩序,严重损害投资者利益。近年来个股频现"闪崩"状况,在一定程度上源自信托扎堆、股权质押平仓风险的集中爆发,一些先知先觉并掌握资本优势的重要股东及机构提前精准抛售,大多数中小投资者却难逃股价杀跌、持股市值大幅缩水的厄运。从上市公司股东权利对比来看,上市公司的控股股东与中小股东信息不对称及权利失衡的情况非常严重,控股股东往往利用持股优势、成本优势、信息优势等,频繁上演低价定增、反复再融资等侵害中小投资者利益的资本运作,中小股东因持股分散难以有效发挥话语权。再者,尽管当前资本市场强监管成效显著,坚决治理市场乱象,持续保持高压态势,但证券法迟迟未能修订完善,在很大程度上制约了提升资本市场违法违规成本和充分保护投资者合法权益。

坚持以人民为中心的发展思想,把人民的向往作为奋斗目标,直面人民群众的现实利益问题,满足人民日益增长的美好生活需要,是习近平新时代中国特色社会主义思想的主线和灵魂。建设中国特色社会主义资本市场,必须不断深化对其功能定位和政治属性的认识。我国资本市场是亿万投资者共同参与的市场,服务高质量发展离不开广大投资者的理性参与和价值塑造,保护好投资者特别是中小投资者的合法权益,直接关系到亿万人民群众的切身利益,关系资本市场的健康稳定运行。充分保护投资者合法权益是新时代我国资本市场的根本使命,也是资本市场改革发展的重中之重。近年来,我国资本市场投资者保护工作迈出坚实步伐,坚持以投资者需求为导向,在投资者保护制度、投资者教育服务、投资者权益救济等领域推出一系列务实之举并取得积极成效。下一步,要紧密结合资本市场改革和实践经验,尽快修订证券法,从根本上破除体制机制的弊端,更好适应市场创新发展和打击违法违规行为、保护投资者合法权益的需要;不断强化上市公司信息披露监管,让中小投资者充分享有知情权,公平获得应当公开的全部信息;完善上市公司股东投票和表决机制,特别是在股东大会审议再融资、利润分配等可能影响中小投资者利益的重大事项时,必须切实保障中小投资者的参与权、话语权;持续加强投资者教育,着力提升中小投资者的投资素养和知识水平,增强风险防范意识和理性投资意识,培育壮大成熟投资者队伍;健全投资回报机制,强化回报股东理念,增强上市公司现金分红的稳定性和持续性,引导上市公司结合实际制定差异化的分红政策,形成价值投资、长期投资与上市公司质量优化的良性循环。

三、积极拓展对外开放空间

经过 40 年的改革开放,我国投资者规模和多元投资需求迅速增加,海外投资者配置和持有人民币资产的需求也在大幅攀升。近年来,我国资本市场对外开放取得显著进展,各领域对外开放的广度与深度不断拓展。从实施 QFII、RQFII 制度、放开境外机构投资银行间债券市场，到"沪港通""深港通""债券通"相继落地，到 H 股"全流通"试点顺利实施，到我国第一个对外开放的期货品种——原油期货在上海期货交易所上市、大连商品交易所的铁矿石期货开启引入境外交易者业务，再到 A 股先后被正式纳入明晟（MSCI）新兴市场指数、富时罗素新兴市场指数，特别是即将开启的"沪伦通"标志着我国资本市场更好地从引进来到走出去，双向开放的水平更高。随着对外开放程度日益提高，我国资本市场逐渐成为全球资本配置的重要目的地，既彰显我国的金融实力和信心，也反映了国际投资者对我国经济发展稳中向好、结构优化升级、国际竞争力提升的充分肯定和认同。

我国资本市场既对发达市场开放，也对新兴市场开放。在"一带一路"倡议的国家战略背景下，既强调引进来也注重走出去，按照共商、共建、共享的原则，不断创新和丰富沿线国家金融合作方式，努力将"一带一路"建成创新之路，为完善全球经济治理体系、推动构建人类命运共同体贡献中国智慧和力量。2018 年 8 月 31 日，中国证监会在官网发布《关于政协十三届全国委员会第一次会议第 0027 号（财税金融类 004 号）提案答复的函》，以丰富翔实的数据概述了近年来资本市场服务"一带一路"战略的做法及成效，交出了靓丽的"成绩单"。具体表现在五个方面：一是，深化境外上市行政许可改革，加大对"一带一路"建设的融资力度。证监会于 2014 年 12 月取消境外上市财务审核，2015 年 5 月公布境外上市审核关注要点和审核流程，并取消发行定价限制，2017 年 7 月进一步优化境外再融资审核制度，明确 H 股公司提出境外再融资申请时，可以申请"一次核准、分次发行"，进一步便利 H 股公司把握好境外市场发行窗口进行再融资，提高融资效率。2016 年以来，证监会核准中国铁建、中国中车等基建企业以增发 H 股普通股和发行可转债等方式成功实现境外再融资，有力支持了企业参与"一带一路"基建项目。二是，推出"一带一路"债券试点。证监会于 2016 年推动上交所启动熊猫债试点，俄罗斯铝业联合公司在上交所完成两期共 15 亿元熊猫债发行。沪深交易所在前期实践经验基础上，于 2018 年 3 月发布了《关于开展"一带一路"债券试点的通知》。截至 2018 年 6 月底，已有 14 家境内外企业发行"一带一路"债券的申请获得证监会核准或沪深交易所的无异议函，拟发行金额合计 845 亿元，其中有 11 家境内外企业已发行 214.5 亿元"一带一路"债券。三是，积极推动交易所深化与"一带一路"沿线国家资本市场的务实合作。2015 年 10 月，上交所、中金所与德交所成立了中欧国际交易所。2016 年 12 月，中金所牵头沪深交易所成功竞购巴基斯坦交易所 30% 股权。2017 年 5 月，上交所与哈萨克斯坦阿斯塔纳国际金融中心管理局签署合作协议，将共同投资建设阿斯塔纳国际交易所。2017 年 12 月，深交所与伦交所共同启动"中英科创投融资服务联盟"。2018 年 5 月，深交所、上交所联合收购孟加拉国达卡证券交易所 25% 股权。2018 年 3 月，上期所原油期货合约上市，可交割油种中囊括了"一带一路"沿线多国的原油。四是，支持证券基金经营机构境外子公司在"一带一路"沿线国家开展业务。目前，证监会正在研究制定《证券公司和证券投资基金管理公司境外设立、收购、参股经营机构管理办法》，并已公开征求意见，拟完善设立条件和持续监管要求，支持具备一定实力、运作规范、风控能力较强的境内证券基金经营机构在境外设立经营机构。五是，加强跨境监管合作和监管制度建设，防范参与"一带一路"面临的金融风险。截至 2018 年 6 月底，证监会已与"一带一路"区域内 27 个国家的证券期货监管机构签署监管合作备忘录。"一带一路"倡议已成为我国资本市场的重要发力点，通过投融资体系和投融资平台建设，推动"一带一路"特色产业与创新资本深度融合，努力打造国际领先的创新资本形成中心。

如今，A股市场已是全球第二大资本市场、第一大新兴资本市场，也是全世界增长最快的资本市场。资本市场对外开放的根本目的是服务高质量发展和国家总体对外战略，坚持市场化、法治化、国际化的发展方向，践行开放理念、拓展开放广度、提升开放层次，充分利用境内外两个市场、两种资源，努力建设现代化的富有国际竞争力的中国特色资本市场。随着中国资本市场在全球经济市场参与度的显著提升，国际影响力和吸引力也在不断增强。习近平总书记深刻指出："20年前甚至15年前，经济全球化的主要推手是美国等西方国家，今天反而是我们被认为是世界上推动贸易和投资自由化便利化的最大旗手，积极主动同西方国家形形色色的保护主义作斗争。这说明，只要主动顺应世界发展潮流，不但能发展壮大自己，而且可以引领世界发展潮流。"①资本市场开放在广度和深度上还将继续前进，未来我国资本市场会更加开放、更加包容，更好地利用全球市场、全球资源，不断增强我国经济创新力和竞争力，更好地引领世界发展和改革的潮流。

第二节　统筹用好资本市场中的"两只手"

在市场经济中，无数市场主体基于各自利益最大化进行研判、做出决策，这种决策被称为分散化决策，与计划经济中的集中化决策相对应。市场机制具有形成价格、优化资源配置、平衡供求关系、激励市场竞争主体等功能，自发地和自动地调节经济活动、配置资源。这就是斯密所说的"看不见的手"在发挥作用。然而，仅仅依靠市场机制配置资源是不够的，市场机制存在自发性、盲目性、滞后性等缺陷，只能对具有竞争性和排他性的私人物品充分发挥调节作用，不能适应公共物品的有效生产以及外在效应的消除。市场机制自发调节导

---

① 《习近平谈治国理政：第2卷》，外文出版社，2017年版，第212页。

致分配差距扩大和经济运行波动,也无法解决宏观经济总量之间的平衡、国民经济的长期发展、调整和优化产业结构等问题。解决这些"市场失灵"问题,需要政府通过经济的、法律的和行政的手段干预市场,弥补市场失灵的缺陷。这就是凯恩斯所说的"看得见的手"在发挥作用。在现代市场经济体系中,市场调节与政府干预这"两只手"相互作用、紧密关联、缺一不可。

美国著名经济学家、诺贝尔经济学奖得主保罗·萨缪尔森指出:"市场经济(market economy)是一种主要由个人和私人企业决定生产和消费的经济制度。价格、市场、盈亏、刺激与奖励的一整套机制解决了生产什么、如何生产和为谁生产的问题。……市场经济的极端情况被称为自由放任(laissez-faire)经济,即政府不对经济决策施加任何影响。……与市场经济不同,指令经济(command economy)是由政府做出有关生产和分配的所有重大决策。……简言之,政府通过它的资源所有权和实施经济政策的权力解答基本的经济问题。当今世界上没有任何一个经济完全属于上述两种极端之一。相反,所有的社会都是既带有市场经济的成分也带有指令经济的成分的混合经济(mixed economy)。从来没有一个百分之百的纯粹的市场经济(尽管 19 世纪的英国也许很接近)。"①美国著名经济学家、诺贝尔经济学奖得主米尔顿·弗里德曼尖锐指出所谓的自由贸易实质上并不"自由","我们声称我们信仰自由竞争和自由市场,但我们却设立贸易壁垒,以'保护'国内生产者免受竞争的威胁;我们声称我们信仰政府最少地干预经济活动,但我们的政府却制定了进口配额,并实行政府支持农产品的价格政策而向国外进行出口倾销……世界上的其

---

① [美]保罗·萨缪尔森、威廉·诺德豪斯:《经济学(第 18 版)》,萧琛主译,人民邮电出版社,2008 年版,第 7 页。

他国家把我们看作是伪君子,它们至少在一定程度上是正确的"①。以市场经济不同发展阶段和技术水平为主线,政府与市场的关系并不是恒定的,而是具体的、历史的。准确把握政府与市场关系的一般规律,必须循着市场经济逻辑的和历史的发展线索。从逻辑上看,政府与市场各有其功能及缺陷,只有发挥好二者的互补作用和双重调节,市场经济才能良性运行。从历史上看,在古典市场经济时期,政府干预程度较低;凯恩斯主义风行以后,政府干预成为经济运行的常态。伴随市场经济发展和科学技术进步,政府与市场的共生互补关系愈发紧密,综合运用两种力量更是不二选择。资本市场是现代经济运行的轴心和中介,在市场经济中担负极其重要的角色。政府与市场的关系在资本市场中究竟如何,更具体地说,二者作用的形式或边界究竟如何,需要我们深入进行研究。

一、政府与市场关系:市场经济运行核心问题

政府与市场的关系是市场经济最基本、最重要的问题,市场经济产生伊始,学者们就从不同视角探讨这个问题,并随着经济社会的发展实践不断深化认识、丰富拓展,形成为数众多的学派。当资本主义发展处于以分工为基础的工场手工业阶段,手工技术仍居主导地位,企业的产权关系也非常简单,所有权和经营权合一。企业通过市场机制展开竞争和博弈,实现优胜劣汰。由于资本主义刚刚脱胎于封建的生产关系,开启资本原始积累进程,企业发展还没有挣脱行会制度的束缚。1776 年,亚当·斯密对后世影响深远的著作《国民财富的性质和原因的研究》出版,他从政治经济学的角度出发,对当时的政府与市场关系提出自己的见解。其核心观点是,"自利"是人的本性,"我们每天所需的食料和饮料,不是出自屠户、酿酒家或烙面师的

---

① [美]米尔顿·弗里德曼:《弗里德曼文萃》,胡雪峰等译,首都经贸大学出版社,1991 年版,第 79 - 80 页。

恩惠,而是出于他们自利的打算"①。人们从事经济活动都是为了追求自身利益最大化,每个人都有这种"经济人"的属性。为了使手中资本增加、实现自身利益,人们积极参与经济活动,客观上促进了市场经济发展、扩大了社会整体利益。斯密指出,"由于每个个人都努力把他的资本尽可能用来支持国内产业,都努力管理国内产业,使其生产物的价值能达到最高程度,他就必然竭力使社会的年收入尽量增大起来。确实,他通常既不打算促进公共的利益,也不知道他自己是在什么程度上促进那种利益。由于宁愿投资支持国内产业而不支持国外产业,他只是盘算他自己的安全;由于他管理产业的方式目的在于使其生产物的价值能达到最大程度,他所盘算的也只是他自己的利益。在这场合,像在其他许多场合一样,他受一只看不见的手的指导,去尽力达到一个并非他本意想要达到的目的。他追求自己的利益,往往使他能比在真正出于本意的情况下更有效地促进社会的利益"②。斯密认为,工商业者通过市场机制这只"看不见的手"展开自由竞争,能够有效配置社会资源,国家尽量不要干预或者少干预经济,确保商业社会自由运行。应当说,斯密的主张契合当时市场经济的运行与发展,奠定了古典市场经济理论的基础。

工业革命的兴起使工场手工业逐渐向机器大工业过渡,生产的社会化程度大大提高,以技术进步为显著特征的相对剩余价值生产方式居于主导地位,资本主义生产取得了自身的典型形式,资本主义经济凭借机器技术最终确立了统治地位。与此同时,企业的产权关系从单一走向多元,所有权与经营权从合一状态到相互分离,特别是修建铁路等巨大募资需求催生了股份制这种全新的企业组织形式。

① [英]亚当·斯密:《国民财富的性质和原因的研究(上卷)》,郭大力、王亚南译,商务印书馆,1972年版,第14页。
② [英]亚当·斯密:《国民财富的性质和原因的研究(下卷)》,郭大力、王亚南译,商务印书馆,1974年版,第27页。

与此相适应,市场必须从传统的、简单的运行机制向现代的、复杂的运行机制转变;政府也需要制定相应的产业政策和管理措施,规范市场主体的行为。随着资本主义生产关系从自由竞争阶段发展到垄断阶段,生产和资本高度集中,资本主义制度固有的生产社会化和生产资料私人占有之间的矛盾日趋加剧,经济危机频繁发生并愈演愈烈。1929—1933年,资本主义世界爆发了空前严重的经济危机,激化了资本主义各国严重的社会危机,打破了"市场万能"的神话,传统的自由放任的市场经济走进了死胡同。1936年,英国著名经济学家凯恩斯出版其代表作《就业、利息和货币通论》,批判和抨击古典市场经济理论,提出解决经济危机的理论观点和政策主张。凯恩斯提出,政府并非消极保护社会秩序的"守夜人",而应该成为社会秩序和经济生活的积极干预者,特别是要熟练地、有效地利用政府的财政职能刺激经济发展。凯恩斯的理论及其实践,开启了现代市场经济时代。二战后西方主要资本主义国家普遍奉行国家干预经济的政策,进入经济发展的"黄金时期",到20世纪70年代初却普遍出现"滞胀"现象,经济增长停滞、大量失业与通货膨胀并存,凯恩斯主义遭到质疑。围绕政府是否需要干预、干预什么、怎样干预,学者们展开激烈争辩,形成新古典综合派、货币主义学派、供给学派、理性预期学派、公共选择学派等诸多流派。政府与市场的关系是经济学各流派争论不休的焦点,也是市场经济运行的核心问题。

马克思和恩格斯从唯物史观出发,深刻揭示了资本主义经济的运动规律、内在矛盾和历史趋势,并对未来社会的基本特征做出科学预见。马克思、恩格斯曾盛赞市场机制的作用,称其为神奇的"法术",资产阶级正是使用这个"法术",在不到一百年的阶级统治中创造远超过去一切时代的全部生产力。他们进而揭示了市场机制盲目性的一面,"单个的商品生产者只有通过产品的跌价和涨价才亲眼看到社会需要什么、需要多少和不需要什么"①。这不仅会导致社会再生产比例关系失调,更蕴藏资本主义经济危机的巨大风险。曾经如同"魔法师"的资产阶级愈发控制不住自己用"法术"呼唤出来的"魔鬼"了,周期性爆发的经济危机昭示资本主义生产关系越来越难以适应社会化大生产的要求。马克思和恩格斯所设想的未来社会以消灭私有制为前提,"一旦社会占有了生产资料,商品生产就将被消除,而产品对生产者的统治也将随之消除。⋯⋯社会生产内部的无政府状态将为有计划的自觉的组织所代替"②,"社会的生产无政府状态就让位于按照社会总体和每个成员的需要对生产进行的社会的有计划的调节"③,"在一个和人类本性相称的社会制度下,除此之外,就不会有另外的竞争。⋯⋯社会那时就应当考虑,靠它所掌握的资料能够生产些什么,并根据这种生产力和广大消费者之间的关系来确定,应该把生产提高多少或缩减多少,应该允许生产或限制生产多少奢侈品。"④公共职能在未来社会将失去政治性,变为简单的管理职能即制定生产计划、组织社会生产。"国家真正作为整个社会的代表所采取的第一个行动,即以社会的名义占有生产资料,同时也是它作为国家所采取的最后一个独立行动。那时,国家政权对社会关系的干预将先后在各个领域中成为多余的事情而自行停止下来。那时,对人的统治将由对物的管理和对生产过程的领导所代替。"⑤由于未来社会消灭了竞争,人们的利益是一致的,就能够根据社会总体和每个成员的需要制订社会的生产计划和生产比例,对劳动时间进行社会的有计划的分配,根据社会需要有计划地组织生产,也能够根据社会需要的变化而变化。

---

① 《马克思恩格斯全集:第21卷》,人民出版社,1965年版,第215页。
② 《马克思恩格斯全集:第20卷》,人民出版社,1971年版,第307页。
③ 《马克思恩格斯全集:第25卷》,人民出版社,2001年版,第408页。
④ 《马克思恩格斯全集:第1卷》,人民出版社,1956年版,第614页。
⑤ 《马克思恩格斯全集:第19卷》,人民出版社,1963年版,第241页。

二、社会主义市场经济新阶段

我们党始终坚持将马克思主义基本原理与我国具体实际相结合，走适合中国国情的革命、建设和改革的道路。我国经济体制改革立足于长期处于社会主义初级阶段这个最大实际，逐步破除计划经济体制弊端，不断深化对计划与市场、政府与市场关系的认识。从党的十一届三中全会到十四大，是传统的计划经济体制向社会主义市场经济体制的"过渡期"，先后提出计划经济为主、市场调节为辅，社会主义经济是建立在公有制基础上的有计划的商品经济，国家调节市场、市场引导企业，计划经济与市场调节相结合，计划与市场都是手段等，改革的市场化方向愈加清晰。1992年，党的十四大明确提出，我国经济体制改革的目标是建立社会主义市场经济体制，使市场在社会主义国家宏观调控下对资源配置起基础性作用。市场在资源配置中发挥"基础性作用"的政策主张，一直延续到2012年11月党的十八大"更大程度更广范围发挥市场在资源配置中的基础性作用"。

2013年11月，党的十八届三中全会通过《中共中央关于全面深化改革若干重大问题的决定》，重新构建政府与市场的关系，厘清政府与市场在社会主义市场经济中的作用和边界，指明了全面深化经济体制改革的方向。首次提出"经济体制改革是全面深化改革的重点，核心问题是处理好政府和市场的关系，使市场在资源配置中起决定性作用和更好发挥政府作用。市场决定资源配置是市场经济的一般规律，健全社会主义市场经济体制必须遵循这条规律"。不仅更完整、更准确表述政府与市场的关系，也提出具体要求，"必须积极稳妥从广度和深度上推进市场化改革，大幅度减少政府对资源的直接配置，推动资源配置依据市场规则、市场价格、市场竞争实现效益最大化和效率最优化"，"着力解决市场体系不完善、政府干预过多和监管不到位问题"，并将"政府的职责和作用"归纳为"主要是保持宏观经济稳定,加强和优化公共服务,保障公平竞争,加强市场监管,维护市场秩序,推动可持续发展,促进共同富裕,弥补市场失灵"等八个方面。习近平总书记在《关于〈中共中央关于全面深化改革若干重大问题的决定〉的说明》中强调,"我国实行的是社会主义市场经济体制,我们仍要坚持发挥我国社会主义制度的优越性,发挥党和政府的积极作用。市场在资源配置中起决定性作用,并不是起全部作用"。从"基础性作用"上升到"决定性作用",这是我们党对市场作用的全新定位、对政府与市场关系认识的历史性飞跃,是社会主义市场经济理论的重大创新,标志着社会主义市场经济发展进入新阶段。中共中央政治局就"使市场在资源配置中起决定性作用和更好发挥政府作用"进行集体学习时,习近平总书记指出,"使市场在资源配置中起决定性作用、更好发挥政府作用,既是一个重大理论命题,又是一个重大实践命题。科学认识这一命题,准确把握其内涵,对全面深化改革、推动社会主义市场经济健康有序发展具有重大意义。在市场作用和政府作用的问题上,要讲辩证法、两点论,'看不见的手'和'看得见的手'都要用好,努力形成市场作用和政府作用有机统一、相互补充、相互协调、相互促进的格局,推动经济社会持续健康发展"。使市场在资源配置中起决定性作用和更好发挥政府作用,并非彼此分割、相互对立,而是相辅相成、有机统一的,二者的作用不可偏废,应当优势互补、协同发力。

对政府与市场关系新的科学定位,基于深刻把握市场经济一般规律、认真总结我国社会主义市场经济发展经验以及有效应对新形势新任务新问题。市场经济发展史就是政府与市场关系在具体条件下共生互补的历史,特别是进入现代市场经济阶段,政府与市场各自的作用发挥得越彻底、越充分,这种共生互补关系就愈紧密。我国确立经济体制改革目标为建立社会主义市场经济体制后,在实践中不断拓展和深化对政府与市场关系的认识,党的十五大提出"使市场在国家宏观调控下对资源配置起基础性作用"，党的十六大提出"在更大程度上发挥市场在资源配置中的基础性作用"，党的十七大提出"从制度上更好发挥市场在资源配置中的基础性作用"，党的十八大提出"更大程度更广范围发挥市场在资源配置中的基础性作用"，十八届三中全会的科学论断正是完善社会主义市场经济体制合乎逻辑的新概括、新定位、新飞跃。随着我国经济从高速增长转入中高速增长的新常态，发展方式从规模速度型粗放增长转向质量效率型集约增长，经济结构从增量扩能为主转向调整存量、做优增量并举，发展动力从要素驱动、投资驱动转向创新驱动。在增速调整、结构优化、动力转换取得积极成效的同时，也要清醒地看到，一些体制性、结构性矛盾还比较突出，经济下行的压力仍然较大，处理好政府与市场关系的任务尤为紧迫。在市场机制方面，存在市场体系不完善、市场秩序不规范、市场竞争不充分等问题；在政府调节方面，越位——政府干预过当、缺位——政府不作为、错位——政府乱作为的现象不容忽视。十八届三中全会提出使市场在资源配置中起决定性作用和更好发挥政府作用，就是从我国经济社会发展实际出发，紧紧抓住经济体制改革的这个核心问题，凡是市场能够解决的一律交给市场，政府既不能越位也不能缺位更不能错位，切实把市场和政府的优势都充分发挥出来。

三、资本市场中的"有效市场"与"有为政府"

资本市场是社会主义市场经济的重要组成部分，是经济发展的"晴雨表"、技术创新的"孵化器"，"看不见的手"和"看得见的手"都要用好，明晰政府与市场的职能边界，真正使"两只手"的作用正向叠加。"看不见的手"的作用主要表现为通过价值规律、竞争规律、供求规律等实现金融资源的优化配置，在引导供求、促进创新、传递信息、提示风险等方面，市场机制能够发挥其他方式难以比拟的巨大优势。但市场并不是万能的，尽管在理论上完全竞争的市场机制能使资源均衡配置达到帕累托最优状态、实现最佳经济效率,在现实中却无法满足诸如完全竞争的市场、信息完全对称、没有外部效应等一系列前提条件,市场失灵无法避免。"看得见的手"的作用主要表现为科学有效监管和适时适度干预,克服市场缺陷,弥补市场失灵,当好资本市场发展的推动者和资本市场稳定的守护者。政府应当依据有关法律法规,健全资本市场监管体系,及时查处和有效防范市场主体的违法违规行为,创造公开、公平、公正的市场环境,保障资本市场高效有序运行,进而把保护投资者尤其是处于弱势地位的中小投资者合法权益作为重中之重真正落到实处。当资本市场发生剧烈波动、有可能发生系统性危机的时候,政府必须果断出手调控,维护资本市场稳定,增强投资者信心,坚决守住不发生系统性金融风险的底线。

2015年我国股市出现异常波动,习近平总书记多次就相关问题做出阐述。2015年9月22日,在对美国进行国事访问前夕,国家主席习近平在接受美国《华尔街日报》书面采访中表示,股市涨跌有其自身的运行规律,一般情况下政府不干预。政府的职责是维护公开、公平、公正的市场秩序,保护投资者特别是中小投资者的合法权益,促进股市长期稳定发展,防止发生大面积恐慌。前段时间,中国股市出现了异常波动,这主要是由于前期上涨过高过快以及国际市场大幅波动等因素引起的。为避免发生系统性风险,中国政府采取了一些措施,遏制了股市的恐慌情绪,避免了一次系统性风险。境外成熟市场也采取过类似做法。在综合采取多种稳定措施后,市场已经进入自我修复和自我调节阶段。发展资本市场是中国的改革方向,不会因为这次股市波动而改变。2015年10月18日,在对英国进行国事访问前夕,习近平主席接受路透社采访时表示,面对近期国际国内金融市场形势变化,我们陆续出台降准降息、完善人民币汇率形成机制等一系列举措。目前,市场风险得到相当程度释放,内在稳定性增强。下一步,中国将按照市场化、法治化方向稳步推进金融改革,培育公开透明和长期稳定健康发展的资本市场,完善风险管理,稳定市场预期,放宽民间资本进入金融领域的限制,更好支持实体经济发展。2015 年 10 月 26 日—29 日召开十八届五中全会期间,习近平总书记就《中共中央关于制定国民经济和社会发展第十三个五年规划的建议》起草的有关情况向全会作说明。他指出,近来频繁显露的局部风险特别是近期资本市场的剧烈波动说明,现行监管框架存在着不适应我国金融业发展的体制性矛盾,也再次提醒我们必须通过改革保障金融安全,有效防范系统性风险。要坚持市场化改革方向,加快建立符合现代金融特点、统筹协调监管、有力有效的现代金融监管框架,坚守住不发生系统性风险的底线。

资本市场有其自身运行逻辑,通过价值规律、竞争规律、供求规律等能够高效实现资源优化配置的,政府无须越位干预,市场导向应居首位。政府过度干预容易扭曲资本市场的运行机制,影响资源配置效率,甚至严重挫伤技术创新的动能和活力。然而,市场调节并不是万能的,存在自发性、盲目性、滞后性等弊端,"看不见的手"有失灵的时候。譬如,当某项技术创新成果迈向产业化的中期,技术创新与金融资本结合的造富效应显现,利润预期促使更多金融资本狂热涌入,但技术创新驱动的真实财富增长跟不上投资者集体信念中的高额回报期待,这种永无止境繁荣的错觉容易导致金融资本狂热投资的风险。政府不越位绝不意味着缺位、退出、不作为,政府实施科学有效监管和适时适度干预是十分必要的,"两只手"须各就其位。为确保资本市场健康有序运行,必须紧扣资本市场服务实体经济和保护投资者合法权益,大力推进依法监管、全面监管、从严监管,切实维护公开公平公正的市场秩序。当市场调节机制出现功能障碍难以自我恢复,甚至可能引发金融风险时,政府必须予以干预,防止发生区域性系统性金融风险,防止对资本市场乃至整个国民经济造成灾难性的影响,这从发达国家资本市场发展史中可以得到证实。应当看到,由于我国资本市场处于"新兴加转轨"阶段,中小投资者为主的投资者结构特征鲜明,与成熟资本市场相比不稳定性更强烈。对于政府在资本市场危机时刻积极出手干预,我们应当理直气壮,关键是要建立和完善政府对资本市场的危机干预机制,科学掌握干预的时、度、效。

第三节　短　论

作为我国经济最具活力的一环、现代金融体系的重要组成部分、金融资源高效配置的关键平台,资本市场在国民经济和社会发展中发挥了独特的优势,扮演着日益重要的角色。新时代中国特色社会主义伟大事业、实现中华民族伟大复兴的中国梦呼唤建设资本市场强国,新时代资本市场承载着满足多元化融资需求、激发创新创造活力、推动新旧动能转换、促进实体经济增长、支持供给侧结构性改革、防范化解金融风险等重要使命任务。加快形成融资功能完备、基础制度扎实、市场监管有效、投资者合法权益得到有效保护的多层次资本市场体系,更好地服务经济发展质量变革、效率变革、动力变革,必须把握好三个着力点:一是高效匹配技术创新直接融资需求,使资本市场服务创新主体更具针对性和实效性,努力实现无缝对接,真正成为推动技术创新的主渠道。二是深入贯彻以人民为中心的发展思想,践行市场监管的人民性要求,将充分保护广大投资者特别是中小投资者合法权益作为监管工作的核心目标。三是坚持市场化、法治化、国际化的改革方向,拓展资本市场对外开放空间,深度参与"一带一路"建设,加快融入全球金融体系。

资本市场要切实担负新时代新使命,必须统筹用好"两只手",实现"有效市场"与"有为政府"有机统一、良性互动。政府与市场的关系不仅是市场经济运行的核心问题,也是发展现代市场经济绕不开的世界性难题。市场机制无疑是迄今为止配置资源的最佳方式,但在不完全竞争、信息不完备的条件下,市场调节存在自发性、盲目性、滞后性,导致收入分配不公、经济波动与失衡等问题。市场失灵的存在,为政府实施干预提供了基本依据,政府需要在解决外部经济问题、提供公共产品和服务等方面更好发挥作用。在市场经济发展的不同阶段,随着社会生产力、技术水平以及企业产权关系的发展演进,政府与市场关系并非一成不变,市场机制和政府干预均在跟进和完善,都是为适应生产力发展在生产关系方面所做的适当调整。

改革开放40年来,我们党坚持理论联系实际,不断深化对社会主义市场经济规律的认识,开创和拓展中国特色社会主义道路。从有计划的商品经济到建立和完善社会主义市场经济体制,从"使市场在国家宏观调控下对资源配置起基础性作用"到"使市场在资源配置中起决定性作用和更好发挥政府作用",充分反映了对计划与市场、政府与市场关系的探索和突破。党的十八届三中全会的科学论断引发学界强烈共鸣和深入探讨。程恩富、高建昆指出:"我国社会主义市场经济中的'市场决定性作用',不仅具有与资本主义市场经济中的'市场决定性作用'性质不同的经济基础,而且具有与倡导'市场万能论'的新自由主义政策导向不同的政府调节方式和调节领域,从而既能充分发挥价值规律的积极引导作用,又能避免价值规律可能导致的消极后果。"①洪银兴认为:"明确市场对资源配置的决定性作用不能放大到不要政府作用,也不能放大到市场决定公共资源的配置。更好地发挥政府作用除了通过自身的改革退出市场作用的领域外,还要承担起完善市场机制建设的职能。政府行为本身也要遵守市场秩序。"②陈人江明确提出:"不能将'市场起决定作用'等同于'市场

---

① 程恩富、高建昆:《论市场在资源配置中的决定性作用——兼论中国特色社会主义的双重调节论》,载《中国特色社会主义研究》,2014年第1期,第51页。

② 洪银兴:《关于市场决定资源配置和更好发挥政府作用的理论说明》,载《经济理论与经济管理》,2014年第10期,第5页。

全面起决定作用'。市场全面起决定作用或市场的决定作用覆盖全部经济社会领域,这是'全盘市场化',是赤裸裸的新自由主义,它突破了由我国当前具有过渡性质的社会主义基本制度所决定的底线,消解市场经济与社会主义的统一,从而是与我国社会主义市场经济的发展方向背道而驰的。"①胡鞍钢认为:"政府与市场的关系、政府与市场的边界并不是僵化、一成不变的,这不仅取决于政府职能和市场作用本身的定位,还取决于国家发展的阶段性与历史性。政府与市场是一对重大关系和突出矛盾,对它们关系的认识和处理经历了一个比较长的反复试错的过程。从计划经济到有计划的商品经济,再到社会主义市场经济,市场的力量一步步得到释放。我们应当用好政府的'有形之手'与市场的'无形之手',两只手要各就其位,各得其所,两只手都要硬,'两只手都要活'。同时,要以透明公开的秩序监督'有形之手',保障'无形之手'。"②冒佩华、王朝科认为:"政府与市场的关系不是一个简单的谁多谁少、谁强谁弱、谁大谁小的问题,政府与市场之间的关系不是一个简单的此消彼长或者非此即彼的关系,而是一个分工与合作、共生互补的关系。"③张开提出:"社会主义市场经济中的政府作用具有两层含义:不仅要在克服市场机制缺陷与健全宏观调控体系、加强和优化公共服务、加强市场监管、维护市场秩序、保障公平竞争等方面发挥作用;而且要在确保改革开放正确方向、推进市场体系发育和完善、制定中长期发展战略方面发挥作用。"④何自力指出:"我们坚持公有制的主体地位和国有经济的主导作用,使我们党和政府拥有强大的集中决策、组织动员和统筹协调能

①　陈人江:《政府与市场:两手并用,两手都要强》,载《经济研究参考》,2016 年第 13 期,第 70 页。

②　胡鞍钢:《如何理解"两只手"优于"一只手"——中国政治经济语境中的政府与市场关系》,载《人民论坛·学术前沿》,2014 年第 20 期,第 62 页。

③　冒佩华、王朝科:《"使市场在资源配置中起决定性作用和更好发挥政府作用"的内在逻辑》,载《毛泽东邓小平理论研究》,2014 年第 2 期,第 23 页。

④　张开:《更好发挥政府作用的两层含义》,载《经济研究参考》,2014 年第 37 期,第 68 页。

力,形成了中国特色社会主义所独有的最大限度整合社会资源、集中力量办大事的体制机制优势。市场活力充分释放与集中力量办大事的制度优势相结合,是中国经济取得巨大历史性成就的重要制度原因。"①这些研究和讨论聚焦政府与市场关系这个重大的理论与实践课题,从不同视角对"使市场在资源配置中起决定性作用和更好发挥政府作用"进行解读与评价,有利于全面深入理解十八届三中全会的"新提法",在实践中深化、在实践中发展,更好地推动全面深化经济体制改革。

推进资本市场改革发展,建设中国特色社会主义资本市场,必须科学处理政府与市场的关系,坚持两手并用、相互促进、协同发力。一方面,运用好市场这个"看不见的手",通过价格、供求、竞争的变化和相互作用,实现效益最大化和效率最优化,使市场在金融资源配置中起决定性作用。另一方面,运用好政府这个"看得见的手",将保护投资者合法权益置于首位,严格监管市场主体信息披露是否及时、完整、真实、准确,强化对大股东侵害中小股东利益的约束,遏制一些上市公司的恶意圈钱行为,营造公开、公平、公正的市场生态。需要强调的是,资本市场中的"国家队"作为"特殊"的投资者,肩负着双重职责,既有确保国有资产安全、实现国有资产保值增值的任务,又要致力于维护资本市场健康发展。当资本市场的剧烈波动可能导致系统性风险时,政府应当出手进行必要干预,做到既能从理论上找到诠释,也能从各国实践上得以实证。对此,我们应该态度鲜明、理直气壮。要围绕干预手段的科学化、系统化、制度化,进一步完善政府对资本市场的干预机制,在实践中注重把握干预的及时性、准确性、有效性,掌控好干预的力度,避免出现干预过度或干预不足的情况。

---

① 何自力:《科学认识和正确处理政府与市场关系》,载《求是》,2017 年第 3 期,第 35 页。

结　语

　　今年适逢马克思诞生 200 周年、《共产党宣言》发表 170 周年。习近平总书记在纪念马克思 200 周年诞辰大会上发表重要讲话，缅怀马克思的伟大人格和历史功绩，重温马克思的崇高精神和光辉思想。他强调："我们纪念马克思，是为了向人类历史上最伟大的思想家致敬，也是为了宣示我们对马克思主义科学真理的坚定信念"，"在人类思想史上，没有一种思想理论像马克思主义那样对人类产生了如此广泛而深刻的影响"，"马克思主义极大推进了人类文明进程，至今依然是具有重大国际影响的思想体系和话语体系，马克思至今依然被公认为'千年第一思想家'"。马克思主义不仅是被实践证明了的科学理论，更开辟了通向真理的道路。对马克思最好的纪念，就是坚持马克思主义基本立场、观点和方法，不僵化教条，不故步自封，一切以时间、地点、条件为转移，在新的历史条件下不断丰富和发展马克思主义。

　　马克思相对剩余价值理论从社会发展的内在逻辑和运行机理出发，揭示了物的依赖性社会中社会劳动的组织方式和社会化大生产的一般规律，既肯定了资本的文明作用，又强调资本的界限和被扬弃的必然性，展望了人类社会发展的美好愿景。本书立足相对剩余价值理论发展过程中具有路标意义的经典文本,系统梳理了古典马克思主义对相对剩余价值理论的阐释,深入挖掘相对剩余价值理论中被遮蔽的思想内涵,首次彰显追逐与实现技术创新的隐意,探究资本市场筛选评价技术创新规律,呈现相对剩余价值理论当代在场样态。本研究认为,凸显企业创新主体地位,毫不停歇地推进技术创新及其应用,既是相对剩余价值理论的潜在主线,也是市场经济的一般法则。美国硅谷强力驱动技术创新的实质是现代化分工与协作视域下相对剩余价值的实现形式,纳斯达克塑造了风险投资功成身退的典范,成为推动技术创新的强力引擎。社会主义市场经济仍是相对剩余价值理论的存在场域,要紧扣相对剩余价值生产与实现的机制、环境、条件,与股份经济、资本市场、创新驱动等贯通起来。加快完善我国多层次资本市场体系,高效匹配技术创新的投融资需求,推动风险投资、资本市场与技术创新融合发展,这也是现代化分工与协作在金融领域的必然要求和具体展现。新时代资本市场要坚持以人民为中心的发展思想、锚定服务实体经济的宗旨、助力创新驱动核心战略,服务迈入新时代的宏观经济,更圆满地实现转型升级、结构调整、效率提升的目标,锻造新时代"国之重器"。

马克思相对剩余价值理论内涵丰富、博大精深,本研究致力发掘蕴含其中追逐与实现技术创新的内涵,揭示发达资本主义国家相对剩余价值实现形式,并对社会主义市场经济中相对剩余价值生产与实现予以探讨,以期具有一定的理论价值和实践意义。本研究只是初步探索,还需持续展开系统研究和深入剖析,密切关注并积极借鉴一些有价值的实证研究成果。由于本人水平有限,本研究疏漏之处在所难免,恳请批评指正,以利于在今后的研究中加以改进和完善。

参考文献

一、中文部分

(一) 著作

1. 马克思恩格斯选集(第 1～4 卷)[M]. 北京:人民出版社,1995.

2. 马克思恩格斯全集(第 1～50 卷)[M]. 北京:人民出版社,1956—1983.

3. 马克思恩格斯文集(第 1～10 卷)[M]. 北京:人民出版社,2009.

4. 资本论(第 1～3 卷)[M]. 北京:人民出版社,1975.

5. [英]亚当·斯密. 国民财富的性质和原因的研究(上卷)[M]. 郭大力,王亚南译. 北京:商务印书馆,1972.

6. [英]亚当·斯密. 国民财富的性质和原因的研究(下卷)[M]. 郭大力,王亚南译. 北京:商务印书馆,1974.

7. [英]凯恩斯. 就业利息和货币通论[M]. 徐毓楠译. 北京:商务印书馆,1963.

8. [美]约瑟夫·熊彼特. 从马克思到凯恩斯十大经济学家[M]. 宁嘉风译. 北京:商务印书馆,1965.

9. [美]熊彼特. 经济发展理论[M]. 何畏,易家祥译. 北京:商务印书馆,1990.

10. [法]托马斯·皮凯蒂. 21世纪资本论[M]. 巴曙松等译. 北京:中信出版社,2014.

11. [英]爱德华·钱塞勒. 金融投机史[M]. 姜文波译. 北京:机械工业出版社,2013.

12. [英]塞尔文·帕克. 从萧条到复苏:1929年之后的世界股市与经济[M]. 李妍译. 北京:人民邮电信出版社,2017.

13. [美]安德鲁·M·奇泽姆. 资本市场导论[M]. 裘益政,李玲玲,陈琼琼译. 北京:中信出版社,2008.

14. [美]黛博拉·佩里. 皮肖内. 这里改变世界:硅谷成功创新之谜[M]. 罗成译. 北京:中信出版社,2013.

15. [美]E. K. 亨特. 经济思想史:一种批判的视角(第二版)[M]. 颜鹏飞译. 上海:上海财经大学出版社,2007.

16. [美]赫尔曼·M. 施瓦茨. 国家与市场:全球经济的兴起[M]. 徐佳译. 南京:江苏人民出版社,2008.

17. [美]约翰·齐斯曼. 政府、市场与增长——金融体系与产业变迁的政治[M]. 刘娟凤,刘骥译. 长春:吉林出版集团有限责任公司,2009.

18. [美]罗恩·英萨纳. 资本市场400年[M]. 薛迪安译. 广州:广东经济出版社,2009.

19. 朱进东. 马克思和蒲鲁东[M]. 南京:江苏人民出版社,2000.

20. 葛扬.《资本论》视野下中国社会主义市场经济的探索[M]. 贵阳:贵州人民出版社,2015.

21. 洪银兴,葛扬.《资本论》的现代解析(修订版)[M]. 北京:经济科学出版社,2011.

22. 洪银兴. 学好用好中国特色社会主义政治经济学[M]. 南京:

江苏人民出版社,2017.

23. 葛扬,李晓蓉. 西方经济学说史(第二版)[M]. 南京:南京大学出版社,2015.

24. 汤在新. 从马克思到市场经济[M]. 北京:经济科学出版社,2005.

25. 程恩富等. 现代政治经济学新编[M]. 上海:上海财经大学出版社,2017.

26. 顾海良,王天义. 读懂中国发展的政治经济学[M]. 北京:中国人民大学出版社,2017.

27. 吴晓求等. 中国资本市场制度变革研究[M]. 北京:中国人民大学出版社,2013.

28. 吴晓求等. 中国资本市场:制度变革与政策调整[M]. 北京:北京大学出版社,2013.

29. 吴晓求. 中国创业板市场:成长与风险[M]. 北京:中国人民大学出版社,2011.

30. 吴晓求. 现代金融:市场·机构·工具[M]. 北京:中国人民大学出版社,2002.

31. 吴晓求. 现代金融:理论·政策·借鉴[M]. 北京:中国人民大学出版社,2002.

32. 王东. 中国资本市场风险管理[M]. 北京:北京大学出版社,2004.

33. 曹凤岐等. 中国资本市场发展战略[M]. 北京:北京大学出版社,2003.

34. 中国证券监督管理委员会. 中国资本市场二十年[M]. 北京:中信出版社,2012.

35. 祁斌. 资本市场:中国经济的锋刃[M]. 北京:中信出版社,2010.

36. 任泽平.大势研判:经济、政策与资本市场[M].北京:中信出版集团股份有限公司,2016.

37. 王玉芬.从重商主义到马克思——剩余价值发现的历史进程[M].北京:北京大学出版社,2002.

38. 张晖.资本市场与企业自主创新:推动机制与实现平台的研究[M].北京:中国金融出版社,2013.

39. 周小全.资本市场效率论:一般理论分析与中国实证研究[M].北京:中国财政经济出版社,2008.

40. 马广奇.资本市场博弈论[M].上海:上海财经大学出版社,2006.

41. 孔凡保.资本市场与风险投资[M].北京:中国经济出版社,2005.

42. 李学峰.资本市场、有效需求与经济增长:以中国股票市场为例的研究[M].北京:人民出版社,2005.

43. 郝旭光等.中国资本市场监管有效性研究[M].北京:对外经济贸易大学出版社,2015.

44. 马险峰.资本市场:现代金融的核心[M].北京:中国财政经济出版社,2016.

45. 鲁炜.走进资本市场[M].北京:中信出版社,2016.

46. 肖立见.中国资本市场:发展路径与风险管控[M].北京:中国财政经济出版社,2016.

47. 顾兆坤.解密"中国版纳斯达克":新三板挂牌筹划、流程指引与案例分析[M].北京:法律出版社,2014.

48. 隆武华.资本时代:中国资本市场的战略思考[M].北京:中国财政经济出版社,2011.

49. 张陆洋,傅浩.多层次资本市场研究:理论、国际经验与中国实践[M].上海:复旦大学出版社,2009.

50. 余甫功.高新技术产业化与风险资本市场[M].北京:人民出版社,2009.

51. 潘恩荣.创新驱动发展与资本逻辑[M].杭州:浙江大学出版社,2016.

52. 郝晓光,郝孚逸.从否证到创新:马克思主义剩余价值哲学初探[M].北京:人民出版社,2011.

53. 盛春辉.技术与资本互动的历史与逻辑:兼论在创新驱动发展战略中的作用[M].沈阳:东北大学出版社,2016.

54. 刘金霞.中小企业融资创新与科技创新[M].北京:中国经济出版社,2017.

55. 黄嵩.资本市场学[M].北京:北京大学出版社,2011.

56. 王健君.十八大以来的中国政治经济学[M].北京:新华出版社,2017.

57. 罗国锋等.创新创业融资:天使、风投与众筹[M].北京:经济管理出版社,2016.

58. 尹福生.风险投资与创业企业融资研究[M].广州:暨南大学出版社,2016.

59. 谈毅.风险投资与创新[M].上海:上海交通大学出版社,2015.

60. 陈治.风险投资与技术创新研究[M].北京:经济科学出版社,2014.

61. 吴军.硅谷之谜[M].北京:人民邮电出版社,2016.

62. 杨承训.历史的杠杆——科技主导经济发展规律研究[M].郑州:河南人民出版社,2001.

63. 杜坤伦.资本的阶梯:中小微企业场外市场挂牌融资理论与实务[M].北京:人民出版社,2017.

64. 李胜春.企业从初创到IPO的融资策略:企业融资路线图全

揭秘[M].北京:人民邮电出版社,2017.

65. 赵鹏程.中国金融体系变迁与小微企业融资关系研究[M].北京:社会科学文献出版社,2017.

66. 陈冠声.新三板:开启中小微企业资本盛宴[M].北京:经济管理出版社,2015.

67. 高晓燕.小微企业融资机制创新研究.[M].北京:经济日报出版社,2015.

68. 邵国华.我国资本市场结构的功能绩效评价及优化研究[M].北京:经济管理出版社,2017.

(二)论文

1. 朱进东.论马克思对蒲鲁东政治经济学批判[J].江苏社会科学,1999,(1).

2. 朱进东.解读马克思对蒲鲁东的批判——从《哲学的贫困》到《1857—1858 年经济学手稿》[J].南京航空航天大学学报(社会科学版),2008,10(4).

3. 朱进东.马克思《大纲》研究 50 年[J].南京航空航天大学学报(社会科学版),2009,(4).

4. 朱进东.古典马克思主义:一个新的话语方式[J].湖北行政学院学报,2017,(1).

5. 葛扬.《资本论》认知逻辑转换、意识形态功能转变与中国特色社会主义政治经济学的建设[J].经济纵横,2016,(8).

6. 葛扬.基本经济制度与马克思主义政治经济学的创新[J].南京大学学报(哲学·人文科学·社会科学),2016,53(2).

7. 顾海良.通向《资本论》的思想驿站——读《政治经济学批判(1857—1858 年手稿)》[J].高校理论战线,2012,(3).

8. 顾海良.马克思经济思想的"历史路标"——读马克思《1861—1863 年经济学手稿》[J].中国高校社会科学,2013,(2).

9. 刘谦,裴小革.马克思剩余价值理论发展研究——纪念《资本论》出版 150 周年[J].湖北社会科学,2017,(9).

10. 郭飞.试论马克思剩余价值理论的当代价值——兼论剩余价值理论对建设中国特色社会主义的意义[J].教学与研究,2017,51(8).

11. 陈人江.关于李嘉图剩余价值理论的争论与马克思的贡献——基于《剩余价值理论》的理论史视角[J].思想政治教育研究,2015,31(6).

12. 朱殊洋.对相对剩余价值生产问题的探讨[J].教学与研究,2015,(8).

13. 刘冠军.剩余价值生产的"三阶段"动态模式构建及"四要素"分析[J].当代经济研究,2015,(9).

14. 裴小革.马克思剩余价值理论的应用与创新发展问题[J].华南师范大学学报(社会科学版),2012,(6).

15. 刘佑铭.基于剩余价值时空扩张视角的资本主义金融危机分析[J].马克思主义研究,2012,(2).

16. 刘苍劲.产生剩余价值的源泉和实现剩余价值的条件是不同范畴[J].中国特色社会主义研究,2010,(4).

17. 李艳.相对剩余价值生产理论及其现实意义[J].知识经济,2011,(8).

18. 刘冠军.科技创新与相对剩余价值生产——一种现代科技劳动价值论视域的研究[J].郑州大学学报(哲学社会科学版),2006,(3).

19. 刘正才.马克思与当代主流经济学关于剩余价值的比较研究[J].社会科学家,2006,(2).

20. 荣兆梓.相对剩余价值长期趋势与劳动力价值决定[J].马克思主义研究,2009,(9).

21. 裴小革.当代国外经济学家剩余价值理论评述[J].经济研究,2001,(9).

22. 吴春雷.马克思相对剩余价值理论的当代启示[J].郑州航空工业管理学院学报,2008,(5).

23. 李玮.相对剩余价值生产新解[J].生产力研究,2007,(15).

24. 彭必源.对莱博维奇责难马克思相对剩余价值理论的分析[J].当代经济研究,2010,(2).

25. 陈建兵,王宏波.准确理解马克思恩格斯股份公司"过渡点"的科学含义[J].中国社会科学院研究生院学报,2009,(6).

26. 朱宗炎.恩格斯对马克思股份公司理论的补充和阐发[J].安徽大学学报,2000,24(5).

27. 朱宗炎.恩格斯对《资本论》第三卷的贡献[J].当代经济研究,2004,(11).

28. 吴晓求.中国资本市场未来10年发展的战略目标与政策重心[J].中国人民大学学报,2012,26(2).

29. 吴晓求.大国金融中的中国资本市场[J].金融论坛,2015,(5).

30. 焦方义,丛琳.我国各层次资本市场有效整合的对策选择[J].当代经济研究,2014,(7).

31. 雷禹,王钰娜.经济转型与资本市场的关系——对日本和美国经济转型的经验总结[J].经济问题,2014,(3).

32. 黄伟麟等.高新技术制造企业生命周期划分的实证研究——基于资本市场四大板块的经验数据[J].经济问题,2014,(2).

33. 魏华阳.论中国资本市场的体系设计[J].中州学刊,2014,(2).

34. 陈建青.多层次资本市场与国家金融安全研究[J].学习与探索,2013,(10).

35. 吴元波.多层次资本市场与中小企业融资"困境"分析[J].生产力研究,2013,(7).

36. 麦均洪.我国多层次科技资本市场的重构与对策研究[J].宏观经济研究,2014,(11).

37. 刘伟,王汝芳.中国资本市场效率实证分析——直接融资与间接融资效率比较[J].金融研究,2006,(1).

38. 曹和平,孟令余.中国多层次资本市场创生路径和演化特点浅析[J].经济问题探索,2013,(4).

39. 胡海峰,罗惠良.我国多层次资本市场的生成机理与演化路径[J].中国社会科学院研究生院学报,2011,(5).

40. 于鑫,龚仰树.美国债券市场发展对我国场内债券市场的启示[J].上海财经大学学报,2011,13(3).

41. 苏峻,何佳,韦能亮.创业板与中小企业融资问题再探——基于卢卡斯悖论的思考[J].证券市场导报,2011,(6).

42. 林剑.关于马克思主义政治经济学研究的若干问题[J].广东社会科学,2017,(6).

43. 吕政.中国经济改革的实践丰富和发展了马克思主义政治经济学[J].中国工业经济,2017,(10).

44. 邱海平.《资本论》与中国特色社会主义政治经济学的辩证关系[J].人文杂志,2017,(10).

45. 荣兆梓.关于马克思主义政治经济学创新发展的几点思考[J].经济纵横,2017,(10).

46. 程承坪.中国特色社会主义政治经济学应提炼和总结六大经济实践经验[J].经济纵横,2017,(10).

47. 卢江.马克思政治经济学的创作逻辑与体系拓展——纪念《资本论》第一卷出版150周年[J].当代经济研究,2017,(9).

48. 余乃忠.供给侧结构性改革的政治经济学新方法[J].重庆大

学学报(社会科学版),2017,23(5).

49. 简新华.试论中国特色社会主义政治经济学的形成及发展[J].河北学刊,2017,37(5).

50. 陶启智,冯青琛,刘铭.深化供给侧结构性改革的马克思主义政治经济学分析[J].财经科学,2017,(8).

51. 洪银兴.关于市场决定资源配置和更好发挥政府作用的理论说明[J].经济理论与经济管理,2014,(10).

52. 胡鞍钢.如何理解"两只手"优于"一只手"——中国政治经济语境中的政府与市场关系[J].人民论坛·学术前沿,2014,(20).

53. 程恩富,孙秋鹏.论资源配置中的市场调节作用与国家调节作用——两种不同的"市场决定性作用论"[J].学术研究,2014,(4).

54. 陈人江.政府与市场:两手并用,两手都要强[J].经济研究参考,2016,(13).

55. 白永秀,王颂吉.我国经济体制改革核心重构:政府与市场关系[J].改革,2013,(7).

56. 王国俊,王跃堂.现金股利承诺制度与资源配置[J].经济研究,2014,(9).

57. 陈俊明.回到斯密,还是要回到马克思?[J].海派经济学,2017,15(2).

58. 尹伯成.亚当·斯密经济思想在中国的价值——纪念《国富论》发表240周年[J].江海学刊,2016,(6).

59. 林金忠.从"看不见的手"到"市场神话"[J].经济学家,2012,(7).

60. 张宪昌.马克思与凯恩斯的宏观经济理论比较[J].理论视野,2016,(2).

61. 薛菁.中小企业融资服务体系中政府与市场作用有效性:理论边界与动态调整[J].企业经济,2017,(8).

62. 陈思,何文龙,张然.风险投资与企业创新:影响和潜在机制[J].管理世界,2017,(1).

63. 龙勇,时萍萍.风险投资对高新技术企业的技术创新效应影响[J].经济与管理研究,2012,(7).

64. 吴翠凤,吴世农,刘威.风险投资介入创业企业偏好及其方式研究——基于中国创业板上市公司的经验数据[J].南开管理评论,2014,17(5).

65. 苟燕楠,董静.风险投资进入时机对企业技术创新的影响研究[J].中国软科学,2013,(3).

66. 张学勇,廖理.风险投资背景与公司IPO:市场表现与内在机理[J].经济研究,2011,(6).

67. 陈见丽.风险投资对我国创业板公司业绩增长的影响[J].财经科学,2012,(3).

68. 宋芳秀,李晨晨.风险投资对创业板上市公司IPO前后绩效变动的影响[J].财经科学,2014,(5).

69. 谢雅萍,宋超俐.风险投资与技术创新关系研究现状探析与未来展望[J].外国经济与管理,2017,(2).

70. 杨胜刚,张一帆.风险投资对企业创新的影响——基于中小板和创业板的研究[J].经济经纬,2017,39(2).

71. 于永达,陆文香.风险投资和科技企业创新效率:助力还是阻力?[J].上海经济研究,2017,34(8).

72. 许昊,万迪昉,徐晋.风险投资背景、持股比例与初创企业研发投入[J].科学学研究,2015,33(10).

二、外文部分

1. Douglas Cumming, Alessandra Guariglia and Wenxuan Hou. *Experiences and challenges in the development of the*

Chinese capital market [M]. Basingstroke: Palgrave Macmillan, 2015.

2. Samir Amin. *Three Essays on Marx's Value Theory* [M]. New York: Monthly Review Press, 2013.

3. Jonathan Sperber. *Karl Marx: A Nineteenth-Century Life* [M]. NewYork: Liveright, 2013.

4. Steve Keen. *Debunking Economics: The Naked Emperor of the Social Sciences* [M]. London: Zed Press, 2002.

5. Peter C. Dooley. *The Labour Theory of Value* [M]. New York: Routledge, 2005.

6. Enrique Dussel. *Towards an Unknown Marx: A Commentary on the Manuscripts of 1861—63* [M]. New York: Routledge, 2001.

7. Victor D. Lippit. *Capitalism* [M]. New York: Routledge, 2007.

8. Baltagi BH. *Econometric Analysis of Panel Data* (3rd edition)[M]. New York: John Wiley & Sons, Inc. 2005.

9. Davidson, Sanders, Wolff & Ching. *Securitization: Structuring and Investment Analysis* [M]. New York: John Wiley & Sons, Inc. 2003.

10. Mohan Sawhney, Ranjay Gulati, Anthony Paoni, The Kellogg TechVenture Team. *Tech-Venture: New Rules on Value and profit from Silicon Valley* [M]. New York: John Wiley & Sons, Inc. 2001.

11. Josh Lerner, Felda Hardymon and Ann Leamon. *Venture Capital and Private Equity: A Casebook* [M]. New York: John Wiley & Sons, Inc. 2000.

技术创新与资本市场 | 参考文献

12. Paul A. Gompers and William Sahlman. *Entrepreneurial Finance: A Casebook* [M]. New York: John Wiley & Sons, Inc. 2002.

13. Udayan Gupta. *Done Deals: Venture Capitalists Tell Their Stories*[M]. Boston: Harvard Business School Press. 2000.

14. Ruth Bender and Keith Ward. *Corporate Financial Strategy*[M]. Oxford: Butterworth-Heinemann Ltd. 2002.

15. Paul Gompers and Josh Lerner. *The Venture Capital Cycle*[M]. Cambridge, MA: The MIT Press. 2004.

16. Michelacci, Claudio and Javier Suarez, 2004, "Business Creation and the Stock Market", *Review of Economic Studies*, 71 (2).

17. Lerner, J. and Wulf, J., 2007, "Innovation and Incentives: Evidence from Corporate R&D", *Review of Economics and Statistics*, November, 89(4).

18. Hellmann, T. and M. Puri, 2000, "The Interaction between Product Market and Financing Strategy: The Role of Venture Capital", *Review of Financial Studies*.

19. Chen W. R. and Miller K. D., 2007, "Situational and Institutional Determinants of Firm's R&D Search Intensity", *Strategic Management Journal*.

20. Aldrich, J., 2004, "The Discovery of Comparative Advantage", *Journal of the History of Economic Thought*, September, Vol. 26. Issue3.

21. Estrin, S. and Rosevear, A, 1999, "Enterprise Performance and Corporate Governance inUkraine", *Journal of Comparative Economics*, 27.

后　记

　　对马克思相对剩余价值理论进行再研究,缘于我对政治经济学尤其是资本和剩余价值理论浓厚的学术兴趣。南京大学硕士论文题为"当代资本逻辑的批判性透析——中国现代化进程中资本逻辑的驾驭和修正",系统阐释资本逻辑无法克服自身固有矛盾、无法超越内在与外在界限,既肯定资本逻辑作为经济发展手段的历史的文明作用,又对社会主义市场经济条件下认识、利用和驾驭资本逻辑做出探讨。南京航空航天大学博士论文以马克思主义文本为依托,解蔽相对剩余价值理论隐性逻辑,辨识马克思主义谱系内研究者对相对剩余价值理论的阐释,提出相对剩余价值理论是理解20世纪30年代乃至马克思之后整个西方经济文化特别是人与技术关系的重要维度,阐述相对剩余价值理论在当代中国的在场。本书回到马克思相对剩余价值理论的原点,彰显蕴含其中追逐与实现技术创新的隐意,阐明资本市场筛选评价技术创新为市场经济的一般规律。借鉴美国纳斯达克打造技术创新强力引擎的经验,立足我国资本市场"新兴加转轨"特征,完善多层次资本市场体系,统筹用好"看不见的手"与"看得见的手",着力锻造新时代"国之重器"。

　　本书作为马克思主义文本研究的初步探索,有幸纳入朱进东教授主编的东华湖马克思主义文本研究系列丛书。朱教授学养深厚、融贯中西、治学严谨,始终秉持"我学故我在"的精神,一直是我学习的榜样。马克思主义政治经济学领域专家、南京大学葛扬教授对本研究的理论观点、框架体例、语言表述给予了精心指导。在此,表示衷心的感谢。

　　本书的出版得到了南京大学出版社张婧妤编辑的大力支持,她的敬业、专业、精业令人钦佩,她的辛勤劳动使本书得以顺利出版。

　　最后,深深地感谢我的家人。你们的关心和支持,是我潜心学术、奋力前行的精神动力。

朱　斌

2019 年 春